KB185594

사월이네
공부법

아이와 엄마가 함께 성장하는

사월이네 공부법

김재련·석혜선·석다현 지음

HUDDLING BOOKS

이 세상 모든 엄마들을 위하여

자녀 교육은 단순한 지식 전달을 넘어 아이와 엄마가 함께 성장하는 여정이라 할 수 있습니다. 아이와 엄마 모두에게 이해와 성장의 기회를 주는 풍요로운 경험인 것입니다. 이 여정이 때로는 힘들고 지칠 수 있지만, 그 과정에서 얻는 깨달음과 기쁨은 무엇과도 바꿀 수 없습니다.

제 교육 철학의 시작은 고등학교 2학년 때로 거슬러 올라갑니다. 그때의 경험이 지금의 저를 만들어준 씨앗이 되었습니다.

"그냥 다 외워!"

문제의 본질을 이해하고 싶어 찾아간 교무실에서 들은 이 한 마디는, 저에게 큰 충격으로 다가왔습니다. 왜 이런 공식을 사용해야 하는지, 어떤 원리로 이러한 답이 도출되는지 알고 싶었던 어린 마음이 한순간에 무너져 내렸습니다.

그와 더불어 호기심 가득했던 질문들이 부끄러워졌습니다. '이런 기초적인 것도 모르니?'하는 눈빛을 마주한 순간 괜한 질문을 한 것 같아 무안했고, 더불어 모든 것을 다 알려주실 것이라고 믿었던 선생님에 대한 배신감도 느꼈습니다.

그날 이후 스스로 학습하는 방법을 연구하기 시작했습니다. '정말 외우는 것만이 답일까? 더 나은 방법은 없을까?'와 같은 질문들과 함께 밤낮으로 수학 문제와 씨름하며 원리와 개념을 파헤쳤습니다. 처음에는 막막했지만, 여러 각도에서 수를 바라보고 다양한 방법으로 문제를 풀어보면서 점차 수학의 매력에 빠

져들었습니다. 그리고 공식을 무작정 암기하는 것이 아니라 수학의 진짜 의미를 찾아가기 시작했습니다.

쉽지 않은 여정이었지만, 이 과정에서 놀라운 것을 발견하게 되었습니다. 복잡해 보이는 문제와 숫자 속에 간단한 규칙이 존재한다는 사실을 알아낸 것입니다. 어려운 공식을 전부 외울 필요 없이 규칙과 원리만 이해하면 어떤 문제도 금방 답을 찾을 수 있었습니다.

시간이 흐르며 성적이 향상되는 것은 자연스러운 일이었습니다. 처음에는 다른 곳에서 왔다는 이유로 무시당하던 전학생이었지만, 어느 순간 수학을 제일 잘하는 학생으로 불리게 되었습니다.

그 후로 수학은 제게 더 이상 어렵고 두려운 과목이 아니었습니다. 오히려 새로운 발견의 즐거움을 주는 친근한 존재가 되었습니다. 만약 그때 선생님께서 말씀하신 대로 공식만 암기했다면, 수학의 이런 매력을 결코 발견하지 못했을 것입니다.

이러한 경험과 통찰은 제가 교육자의 길을 걷게 된 강력한 원동력이 되었습니다. 아이들이 겪는 어려움을 누구보다 잘 이해하고 있었기에, 그들에게 진정한 학습의 즐거움을 전해주고 싶었습니다. 단순히 지식을 전달하는 것이 아니라, 아이들이 스스로 생각하고 발견하는 기쁨을 경험할 수 있도록 돕고 싶었습니다.

이 신념을 바탕으로 자연스럽게 대학에서 수학을 전공하고, 졸업 후에 개인 과외로 학생들을 직접 가르치면서 머릿속에만 있던 저만의 학습 방식을 정립하고 발전시켜 나갔습니다. 그로 인해 당시 가르치던 학생들의 성적은 눈에 띄게 좋아졌습니다. 이 과정에서 깨달은 것은 모든 아이에게 잠재되어 있는 학습 능력이 있다는 사실입니다. 단지 그 능력을 끌어내는 방법이 각자 다를 뿐이죠.

오랜 시간 연구한 학습 방식이 더 빛을 발한 것은 두 딸과 손주들을 직접 가르치며 성공적인 결과를 얻었을 때입니다. 아이들은 금세 스스로 공부할 수 있는 힘을 지니게 되었고 가족이라는 특별한 관계 속에서 교육 철학과 학습 방식을 더욱 세밀하게 다듬을 수 있었습니다. 아이들의 눈높이에 맞춰 설명하고, 호기심을 자극하며, 스스로 생각할 수 있는 힘을 길러주는 과정은 제게도 큰 배움의 시간이었습니다. 가족 구성원과의 교육적 상호작용은 이론과 실체를 조화롭게 융합할 수 있는 귀중한 기회였습니다.

이 모든 경험을 통해 발전시킨 제 교육 철학의 핵심은 다음과 같습니다.

1. 단순 암기가 아닌 원리 이해에 중점을 둡니다. 왜 그런지 알 때, 진정한 학습이 이루어집니다.

2. 각 아이의 개성과 학습 속도를 존중합니다. 모든 아이는 다르며, 그 차이를 인정하고 존중하는 것이 중요합니다.

3. 탄탄한 기초 학습이 중요합니다. 기초가 튼튼해야 더 높이 올라갈 수 있습니다.

4. 스스로 생각하고 문제를 해결하는 능력을 키웁니다. 이는 학습을 넘어 인생의 모든 영역에서도 중요한 능력입니다.

5. 학습의 즐거움을 경험하게 합니다. 즐겁게 배울 때, 그 지식은 오래 남고 더 깊어집니다.

이러한 철학을 바탕으로 '사월이네 공부방'을 시작하게 되었습니다. 4년간 공부방을 운영하며 많은 엄마와 아이들이 함께 성장하는 모습을 지켜볼 수 있었습니다. 처음에는 공부를 어려워하던 아이들이 점차 관심과 자신감을 갖고 문제에 도전하는 모습, 그리고 그 과정을 지켜보며 뿌듯해하는 엄마들의 표정은 제게 큰 힘이 되었습니다.

하지만 여전히 많은 엄마들이 자녀 교육에 어려움을 겪고 있습니다. 좋다는 교재와 교구를 구입하고, 여러 방법을 시도해 보지만, 효과를 보지 못해 좌절하는 경우가 많습니다. 이는 단순히 방법의 문제가 아닙니다. 학습에 대한 근본적인 접근 방식을 다시 생각해보면 해결될 것입니다. 이 책은 그런 엄마들에게 도움이 되고자 하는 마음에서 시작되었습니다.

《사월이네 공부법》은 단순한 학습 방법론을 넘어 아이의 잠재력을 믿고 함께 성장하는 방법을 담았습니다. 오랜 시간 연구하고 실천해온 노하우뿐만 아니라, 수많은 아이들과 엄마들의 상호작용을 통해 얻은 소중한 경험들이 녹아있습니다.

모든 아이는 타고난 호기심과 학습 능력을 가지고 있습니다. 우리의 역할은 그 잠재력이 꽃필 수 있도록 올바른 환경과 지지를 제공하는 것입니다. 때로는 인내가 필요할 수도 있고, 때로는 과감한 변화가 필요할 수도 있습니다. 하지만 아이를 믿고 꾸준히 노력한다면, 반드시 좋은 결과가 있을 것입니다.

이 책이 많은 엄마들에게 새로운 통찰과 용기를 줄 수 있기를 희망합니다. 어린 시절 품었던 꿈, 모든 아이가 즐겁게 공부할 수 있도록 돕고 싶다는 그 마음을 담아 이 책을 썼습니다. 그 꿈은 이제 현실이 되어가고 있습니다. 더 많은 아이들이, 더 많은 엄마들이 함께 성장할 수 있기를 바라며, 이 세상 모든 엄마와 아이들에게 《사월이네 공부법》을 바칩니다.

여러분의 여정에 이 책이 작은 등불이 되기를 진심으로 소망합니다.

- 김재련, 석혜선, 석다현

배움의 씨앗을 심는
엄마표 교육의 힘

1

아이의 그릇을 키워라 :
정서적 토대가 학습의 기초다

보통 아이가 24개월 전후가 되면 어린이집을 보내기 시작해서 여섯 살쯤에는 유치원을 보내는 것이 일반적이다. 초등학교 입학 전 선행학습을 위해, 또는 사회성 발달을 위해 보내기도 하지만, 생계를 위한 경제활동이나 육아에 지친 엄마들의 휴식 시간을 확보하기 위한 현실적인 이유도 있다.

두 딸을 낳고 키우던 그 시절에도 상황은 다르지 않았다. 하지만 난 남들과 다른 나만의 고집스러운 선택을 했다. 옆집 민호도,

뒷집 지영이도 모두 유치원에 다닐 때, 두 딸을 내 옆구리에 꼭 붙들고 있었던 것이다. 주변에서는 아이들을 '엄마의 핸드백'이라 부르며 걱정 어린 시선을 보냈다. 그런 이들에게 난 이렇게 말하곤 했다.

> "초등학교 입학하기 전까지는 아이다운 삶을 살게 해주고 싶어요. 어차피 나중에는 싫어도 매일 학교에 가서 공부해야 할 텐데, 그전까지는 실컷 놀라고 하죠, 뭐!"

반은 진심이었고, 반은 농담이었다. 물론 아이들이 스트레스 받지 않고 마음껏 놀기를 바랐지만, 그렇다고 무작정 놀게만 둘 생각은 없었다. 아동 발달 전문가들이 강조하는 '내적 역량'을 키우는 유익한 시기로 활용하고자 했다. 이 때 형성되는 정서적, 인지적 토대는 평생 학습의 기초가 되기 때문이다.

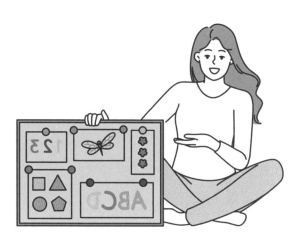

정서적 안정감이 학습 능력을 좌우한다

학습에 있어서 아이의 내면을 튼튼하게 다지는 것이 무엇보다 중요하다. 도자기가 견고한 형태를 갖추기 위해서는 적절한 두께와 질 좋은 흙이 필요한 것처럼, 내적 역량이 부족한 아이들은 본격적인 학습이 시작될 때 어려움을 겪게 된다. 대학 입시까지 이어지는 긴 여정은 일종의 마라톤과 같다. 기초 체력이 부족한 채로 달리기를 시작한다면 결국 중간에 지쳐 포기하거나 넘어지고 만다.

아동 심리학 연구에 따르면, 정서적 교감은 아이의 뇌 발달과 학습 능력에 직접적인 영향을 미친다. 부모와의 안정적인 애착 관계는 스트레스 호르몬인 코르티솔 수치를 낮추고, 학습과 기억을 담당하는 해마 발달에 긍정적 영향을 준다. 또 불안, 좌절, 우울감 등을 줄이고 정서적 안정감을 높인 아이들은 ADHD 위험이 현저히 낮아진다는 연구 결과도 있다.

이러한 이유로 선진국들은 기본적으로 긴 출산 휴가 및 육아 휴직을 보장한다. 스웨덴의 경우 부모 각자에게 240일씩 제공하여 총 480일 동안 아이를 돌볼 수 있도록 한다. 이때, 양도할 수 없는 90일을 제외하고는 나머지 기간을 한 부모에게 몰아서 사용할 수 있다. 같은 북유럽인 노르웨이의 경우는 육아 휴직 급여의 수준에 따라 급여 100%를 받을 수 있는 46주와 80% 수준의 급여를 받을 수 있는 56주를 선택할 수 있도록 했다.

이처럼 부모들의 출산 휴가와 육아 휴직을 보장해준 덕분에 해당 나라의 부모들은 아이의 정서 발달이 가장 활발한 시기에 직접 양육하면서 충분한 애정과 관심을 쏟을 수 있고, 아이와 다양한 경험을 하며 추억을 쌓아간다.

풍부한 경험과 함께하는 학습이 핵심이다

모두가 아이를 유치원에 보낼 때, 나는 내가 깨달은 교육적 통찰을 실천에 옮겼다. 유치원 대신 열심히 바깥 활동을 하며 추억과 경험을 쌓고, 매일 밤 책을 읽어주며 상상력과 언어 능력을 자연스럽게 키웠다. 덕분에 큰 딸은 한글을 배우기도 전에 '형제별' 이라는 동시를 술술 읊을 수 있었다. 억지로 주입한 것이 아닌, 자연스러운 학습의 결과였다.

딩시로서는 제법 값이 나가던 교구와 교재를 구매하는 것도 주저하지 않았고, 한 번 구매한 물품은 아이들을 가르칠 때 적극 활용했다. 특별한 목표를 두고 교육한다는 생각보다 아이가 스스로 무언가를 해낸다는 성취감을 느낄 수 있도록 하는 데 중점을 뒀다. 심리학자 비고츠키의 '근접 발달 영역' 이론에서 말하듯, 부모와의 상호작용을 통해 아이는 더 높은 수준의 발달에 도달할 수 있다.

비고츠키의 이론에 따르면 아이에게는 혼자서 무언가를 수행할 수 있는 실제적 발달 영역과 타인의 도움이 있을 때에만 발현되는 잠재적 발달 영역이 존재한다. 실제적 발달 영역과 달리 잠재적 발달 영역은 타인과의 상호작용을 거친 후에야 내면화 과정을 통해 실제 발달 수준으로 이를 수 있다. 그렇기 때문에 이를 도와줄 부모의 역할이 그 무엇보다 중요하다.

그래서 나는 교구를 활용할 때 맨 처음에는 절대 아이 혼자 놀게 하지 않았다. 반드시 아이와 함께 하면서 낯선 교구와 친해지고 적극적으로 활용할 수 있게 도왔고, 이 과정에서 아이들은 자연스럽게 자신감과 성취감을 얻을 수 있었다.

정서적 안정감과 풍부한 경험을 통해 만들어진 단단한 그릇은 훗날 자기주도 학습의 토대가 된다. 진정한 의미의 조기교육은 단순히 교육적 선행학습이 아닌, 정서적, 인지적 기반을 다지는 것에서 시작된다.

2

4~7세, 공부하는 뇌의
황금기가 시작된다

수년간의 교육 현장 경험과 연구를 통해 '공부 뇌'의 핵심 기능이 4~7세에 완성된다는 것을 알게 되었다. 이는 단순한 이론이 아닌, 교육 전문가들의 연구와 교육 현장의 수많은 사례를 통해 입증된 사실이다. 이 시기를 어떻게 보내는지에 따라 아이의 미래가 달라진다.

민감기, 아이 두뇌 발달의 결정적 단계

발달심리학에서는 특정 능력이 급격히 발달하는 때를 '민감기'라고 부른다. 보통 0~7세 사이에 나타나는 이 시기 동안 아이들은 특정 활동에 깊게 몰입하며 큰 성과를 보인다. 마치 스펀지가 물을 흡수하듯, 아이의 뇌가 주변의 모든 자극을 흡수하는 것이다. 이때, 시각, 청각, 촉각 등 모든 감각을 통해 들어오는 정보들이 뇌 발달의 토대가 된다.

특히 4~7세는 인지 발달의 황금기라 할 수 있다. 이 연령대 아이들의 뇌는 다음과 같은 움직임을 보인다.

- 호기심이 최고조에 달해 왕성한 두뇌 활동을 보인다.
- 사물과 현상에 대한 탐구력이 급격히 발달한다.
- 기억력과 집중력의 기초가 형성된다.
- 자기조절 능력의 토대가 만들어진다.

이 시절의 경험은 평생의 학습 태도를 좌우한다. 일상적인 경험, 놀이 활동, 주변인과의 상호작용이 모두 뇌의 기본 구조를 형성하는 자극이 되기 때문이다. 특히 자기 조절 능력은 이후의 학업 성취에 결정적 영향을 미치는데, 본격적인 학령기가 시작되기 전에 충분히 발달시켜야 할 핵심 능력이다.

올바른 학습 습관이 공부력을 키워낸다

민감기, 그중에서도 가장 활발한 두뇌 활동을 보여주는 4~7세를 놓쳐서는 안 된다. 이 연령대의 아이를 위한 적절한 교육 환경과 지원을 통해 아이가 자연스럽게 학습하여 공부력을 높일 수 있도록 해야 한다.

그렇다면 이 중요한 시기에 어떤 방식으로 아이의 뇌를 발달시켜야 할까? 대부분의 부모는 선행학습을 떠올리지만, 이는 오히려 역효과를 불러올 수 있다.

위에서 언급했듯이 이 나이대의 아이들은 마치 스펀지와 같다. 스펀지가 물을 흡수하듯이 아이들은 주변에서 일어나는 자극과 꾸준히 제공되는 지식을 쫙 빨아들인다. 하지만 너무 과하게 밀어붙일 경우 제대로 흡수하지 못하고 모두 뱉어내고 만다.

이러한 일은 학습에 몰두할 수 있도록 순차적인 과정을 겪지 않았기 때문에 발생하는 문제다. 태어나자마자 연필만 쥐여주면 알아서 공부를 척척 해나가는 아이는 이 세상에 없다. 아이가 자연스럽게 공부 환경에 물들 수 있도록 옆에서 차근차근 단계를 밟아가야 하는 이유다.

실제로 뇌 과학 연구에 따르면 준비되지 않은 상태의 학습은 아이의 기초 능력 발달을 저해한다. 여기에 강제적인 학습 분위기까지 더해지면 무언가를 배우는 데 부정적인 정서가 형성되어 결국 학습 의욕 자체를 떨어뜨릴 수 있어 주의해야 한다.

놀이를 통한 자연스러운 학습

부정적 영향을 피하기 위해서는 아이의 발달 단계와 흥미에 맞춘 '놀이 학습'을 진행해야 한다. 단순히 재미를 위한 놀이가 아닌, 다음과 같은 요소들이 체계적으로 구성된 학습 방법이다.

– 부모와의 상호작용을 통한 정서적 안정감 형성

- 아이의 기질과 선호도를 고려한 맞춤형 활동

- 상상놀이와 신체활동의 균형적 구성

- 일상생활 속 자연스러운 학습 기회 활용

중요한 것은 이러한 놀이 학습도 적절한 도입 과정이 필요하다는 점이다. 저음 민닌 사람들과 대화할 때 어색한 분위기를 풀기 위해 '아이스 브레이킹'이 필요하듯, 아이들의 학습에도 자연스러운 전환이 필요하다. 아이가 다른 활동에 몰입해 있을 때는 강제로 학습을 시도하기보다 아이의 관심사를 통해 자연스럽게 학습으로 이어지도록 유도하는 것이 바람직하다.

이러한 접근을 꾸준히 반복하면 놀이를 통한 학습이 자연스러운 일상이 되고, 이는 곧 평생의 학습 습관으로 이어질 수 있다.

4~7세 시기의 올바른 뇌 발달은 이후의 모든 학습의 토대가 되는 만큼, 교육 방향 설정과 실천에 특별한 주의를 기울여야 한다.

엄마와 함께할 때 완성되는
'진짜' 공부

교육 상담 현장에서 만나는 수많은 부모들의 고민은 하나로 모인다.

"우리 아이를 어떻게 가르쳐야 할까?"

"내가 제대로 잘 키우고 있는 걸까?"

질문의 답을 찾지 못한 부모들이 흔히 저지르는 실수가 있다.

값비싼 교구와 교재를 잔뜩 구입해 아이 앞에 두고, 아이 스스로 이를 활용해 학습하기를 기대하는 것이다. 어린아이들이 처음 보는 교구와 교재를 혼자서 이해하고 풀 수 있을까? 이는 어른들도 하기 어려운 일이다.

진정한 학습의 조력자, 엄마

아동 교육의 핵심은 아이 스스로 배움을 터득할 수 있는 힘을 키워주는 데 있다. 여기서 부모, 특히 엄마의 역할이 결정적이다.

앞서 설명한 바 있는 '근접 발달 영역' 이론은 부모와의 상호작용이 있어야만 아이의 잠재적 발달 영역을 일깨울 수 있다고 했다. 정서적 교류 없이 아이 혼자 학습을 하게 되면 실제적 발달 영역을 기를 수 있을지 몰라도, 타인의 도움이 필요한 잠재적 발달 영역은 제대로 키울 수 없다.

비고츠키 이외의 다른 발달 심리학자들 또한 부모와 자녀의 상호작용이 인지 발달에 미치는 영향을 지속적으로 강조해 왔다. 이것이 바로 '엄마표 공부법'의 이론적 근거다. 엄마표 공부법을 실천하기 위해서는 아래 네 가지 핵심 요소를 꼭 살펴봐야 한다.

- 신뢰와 사랑을 바탕으로 한 정서적 지지
- 아이의 개별 학습 속도 존중
- 자기주도적 학습을 위한 방법론 제시
- 지속적인 소통을 통한 인지 능력 강화

이는 앞서 말한 나의 교육 철학과도 일맥상통하는 내용이다. 위와 같은 핵심 요소가 뒷받침 되어야만 제대로 된 엄마표 공부법을 완성할 수 있다.

올바른 엄마표 공부법의 실천

그러나 엄마표 공부법을 제대로 이해하지 못하고 오해하는 이들도 더러 있다. 아이가 공부할 때 함께 한다는 것을 그저 자리를 지키고 앉아서 공부하는 모습을 가만히 지켜만 보는 것으로 잘못 이해하는 것이다.

하지만 그것은 진정한 엄마표 공부가 아니다. 그저 소중한 시간만 낭비하고 있을 뿐, 제대로 된 학습 효과는 제로에 가깝다. 진정한 엄마표 공부법은 아이의 학습 과정에 적극적으로 참여하는 것을 의미한다. 이때, 적극적 참여 내용은 크게 두 가지로 나눌 수 있다.

첫 번째, 상호작용을 통한 놀이 학습

앞서 말했던 상호적 놀이 학습이 엄마표 공부법의 시작이라고 할 수 있다. 놀이 학습에 있어서는 반드시 엄마와 아이 간의 긴밀한 소통이 존재해야 한다. 이때 말하는 소통은 정해진 틀이나 룰을 아이에게 일방적으로 알려주는, 위에서 아래로 향하는 수직적 소통을 의미하는 것이 아니다. 아이와 같은 시선에서 문제를 탐구하고 발견하며 함께 논의하는 수평적 소통이어야 한다.

소통 과정에서 문제를 발견하였을 때는 엄마가 먼저 답을 찾아 알려주는 것보다 아이와 함께 문제를 해결할 수 있도록 노력하는 것이 좋다. 대화를 통해 의견을 나누는 것만으로도 아이에게 충분한 학습 동기를 부여할 수 있음을 명심하자.

두 번째, 아이 중심의 학습 지원

엄마표 교육의 가장 큰 강점은 개별화된 맞춤형 교육이 가능하다는 점이다. 일반적인 학원 교육이 다수의 학습자를 대상으로 표준화된 커리큘럼을 따를 수밖에 없는 것과 달리, 엄마표 교육은 아이의 개별 특성과 학습 속도에 맞춘 최적화된 교육을 제공할 수 있다. 단순히 일대일 교육의 장점을 넘어서, 아이의 심리적 안정감과 자신감 형성에도 큰 도움이 된다.

학원이나 그룹 수업에서 불가피하게 발생하는 또래 비교나 과도한 경쟁 심리에서 자유로울 수 있으며, 아이의 궁금증이나 어려움을 즉각적으로 해결해줄 수 있다는 것도 중요한 지점이다. 또한 학습 내용의 깊이와 속도를 아이의 상태에 따라 유연하게 조절할 수 있어, 진정한 의미의 맞춤형 교육이 가능하다.

이때, 아이가 자신의 능력에 맞춰 학습할 수 있도록 옆에서 돕고, 스스로 문제를 해결할 수 있도록 격려하는 것이 포인트다. 간혹 아이가 해내지 못할 때 적절히 개입하여 문제의 실마리를 찾을 수 있게끔 도와주는 것도 좋다.

특히 주목할 점은 학습 과정에서 아이를 재촉하거나 강요하지 않는 것이다. 아동 인지 발달 연구에 따르면, 문제 해결 과정에서 '생각하는 시간'은 매우 중요한 요소다. 때로는 문제를 읽어주거나, 답을 대신 써주는 것도 효과적인 학습 방법이 될 수 있다. 핵심은 아이가 개념을 완전히 이해하는 것에 있다.

각 시기별 엄마표 공부법

발달심리학 관점에서 엄마표 공부법은 대략 10세, 초등학교 3 학년까지 지속하는 것이 바람직하다. 이때, 각 시기별로 자리 잡는 학습 능력이 정해져있다.

- 4~7세 : 뇌의 폭발적 발달 시기
- /~10세 : 학습 습관 형성기
- 10세 이후 : 자기주도학습 능력 확립기

이 기간 동안 엄마와 함께하는 학습을 통해 아이는 점차 독립적인 학습자로 성장하게 된다. 특히 초등학교 3학년 무렵이 되면, 그동안 쌓아온 학습 능력과 습관을 토대로 스스로 공부할 수 있는 역량이 갖춰진다.

엄마표 공부법의 진정한 가치는 학업 성취도의 향상을 넘어서 평생 학습자로서의 기초를 다지는 것에서 찾을 수 있다. 자기주도 학습 능력을 갖춘 아이는 평생에 걸쳐 지속적인 성장과 발전을 이룬다. 이러한 교육적 효과야말로 엄마표 공부법의 본질적 의미다.

Part
2.

우리 모두의 멘토,
사월이네 공부 이야기

1

수학적 사고력을 위한
단계별 성장 지도

두 딸과 함께한 엄마표 교육의 여정은 이론과 실제를 아우르는 소중한 경험이었다. 때로는 시행착오도 있었지만, 그 과정에서 얻은 깨달음은 더욱 가치 있는 교육적 자산이 되었다. 엄마표 교육의 진정한 가치는 단기적인 성과나 성적 향상이 아닌, 평생 학습자로서 필요한 근본적인 역량을 키우는 데 있다. 단단한 기초 학력과 자기주도적 학습 습관, 사고력을 통해 실현될 수 있으며, 아이의 미래 학습 여정에 든든한 나침반이 될 것이다.

이러한 교육적 철학을 바탕으로 개발된 '사월이네 공부법'은 수년간의 실제 교육 경험과 전문적 연구를 통해 체계화되었다. 현장에서의 시행착오와 성공 사례들을 체계적으로 분석하고 검증하여, 일반 가정에서도 쉽게 적용할 수 있는 실용적인 학습 방법론으로 발전시켰다.

특히, 이 학습법의 핵심은 '사고력 증진'에 있다. 사고력은 모든 학습의 기초가 되는 근간으로, 아이의 전인적 발달과 학습 능력 향상의 열쇠가 된다.

미래 학습 역량의 토대가 되는 수학적 사고력

가장 주목해야 할 것이 바로 수학적 사고력이다. 아이들은 수학적 사고를 향상하는 과정에서 문제 해결을 위한 논리적 사고, 창의적 발상, 그리고 추상적 개념화 능력을 함께 발달시킨다. 결국, 수학적 사고력이 우리 아이 미래 학습 역량의 토대가 되는 것이다.

수학적 사고력을 기르기 위해서는 가장 먼저 문제 해결 과정에 집중하고 다양한 문제 유형을 경험하며, 패턴과 규칙을 찾는 연습을 해야 한다. 그 후, 문제에 대해 토론하고 생각해 보는 시간을 줌으로써 사고 과정을 강화하는 것이 핵심이다. 이러한 일련의 과정을 통해 실생활에 수학 문제를 직접 적용해 보고 수학이 실제로 어떻게 사용되는지 온몸으로 체험하는 것이 좋다.

문제를 반복해서 풀거나 공식을 암기하는 것만으로는 부족하다. 개념을 깊이 이해하고, 본질을 파악하며, 다양한 해결법을 찾는 과정을 통해 고차원적인 사고력이 발달한다. 이렇게 형성된 인지 능력은 다른 교과목으로 확장되어 전반적인 학습 능력 향상으로 이어진다.

체계적인 발달 단계를 고려한 사월이네 공부법

그렇다고 수학적 사고력을 키운다는 명목으로 무분별한 선행학습을 지지하는 것은 아니다. 아이의 인지 발달 단계와 개별 학습 속도를 고려하지 않은 무리한 선행학습은 오히려 역효과를 초래할 수 있다. 견고한 개념 이해 없이 진도에만 치중하다 보면, 상급 학교 진학 후 학습 결손이 누적되어 심각한 문제로 이어질 가능성도 높다. 각 발달 단계에서 필요한 학습 경험을 충분히 제공하고, 개념을 확실히 이해하는 것이 중요하다.

따라서 체계적인 학습 계획 수립은 필수다. 즉흥적이거나 단기적인 성과에 집중된 학습은 지양하고, 장기적인 안목에서 아이의 발달 단계와 학습 준비도를 고려한 맞춤형 교육 계획이 필요하다. 발달 단계별 특성을 고려한 사월이네 공부법의 학습 목표는 다음과 같다.

사월이네 공부법 단계별 수학 학습

STEP 1. 0~3세	– 생활 속 자연스러운 수 개념 형성 – 다감각 교구 활용을 통한 수학적 기초 감각 발달 – 놀이를 통한 수학적 호기심 자극 – 일상생활 속 수학적 요소 발견하기
STEP 2. 4~7세	– 체계적 교구 활용을 통한 기초 수학 개념 습득 – 구체물 조작에서 추상적 사고로의 점진적 전이 – 패턴 인식과 규칙성 발견하기 – 기초적인 수학 의사소통 능력 개발
STEP 3. 8~9세	– 교재 학습과 놀이 활동의 균형적 접근 – 학습 준비도를 고려한 개별화된 진도 관리(아이스 브레이킹) – 기초 지식 축적기로서의 의미 부여 – 문제 해결 전략의 기초 다지기 – 수학적 사고 과정 표현하기
STEP 4. 10세 이상	– 자기주도적 문제 해결력 강화 – 축적된 지식을 활용한 응용력 개발 단계 – 다양한 문제 해결 전략의 개발과 적용 – 수학적 추론 능력의 심화 – 실생활 연계 문제 해결 능력 강화

2

아이를 제대로 알 때 성공하는
엄마표 교육의 비밀

엄마표 맞춤형 교육의 장점을 최대한 살리기 위해서는 두 가지 핵심 요소에 대한 세밀한 관찰과 이해가 선행되어야 한다. 바로 아이의 고유한 기질적 특성과 현재 학습 발달 상태다. 이 두가지 요소를 정확하게 파악하지 못한 채로는 효과적인 교육 계획을 수립할 수 없다. 섣부르고 잘못된 교육은 오히려 아이의 학습 의욕을 저하시킬 수 있으니 주의해야 한다.

첫 번째, 아이의 기질 파악하기

아이의 기질적 특성은 학습 과정에 지대한 영향을 미친다. MBTI로 사람의 성격을 16가지 유형으로 분류하듯, 아이들도 저마다 고유한 학습 스타일과 성향을 가지고 있다. 아이의 기질은 단순한 성격의 차이를 넘어서, 정보를 받아들이고 처리하는 방식, 동기부여 요인, 스트레스 대처 방식 등 학습의 전 과정에 영향을 미친다. 예를 들어 보자.

- 신중하고 조심스러운 성향의 아이는 새로운 학습 상황에서 관찰과 분석을 우선한다.
- 활발하고 탐구심이 강한 성향의 아이는 직접적인 체험과 실험을 통한 학습을 좋아한다.
- 빠른 습득력을 보이나 지속성이 부족한 아이일 경우 다

양한 자극과 도전 과제가 필요하다.

- 차분하고 꼼꼼한 성향의 아이는 단계적이고 체계적인
  학습 방식을 선호한다.
- 창의적이고 자유로운 성향의 아이는 열린 형태의 탐구
  학습을 선호한다.

각각의 성향은 학습 접근 방식에 있어 다른 전략을 필요로 한다. 신중한 성향의 아이에게는 충분한 탐색 시간과 점진적인 접근이 필요하며, 활발한 성향의 아이에게는 역동적인 학습 활동이 효과적일 수 있다. 중요한 것은 어떤 성향이 더 우수하다고 판단하는 것이 아니라, 각 성향에 맞는 최적의 학습 방법을 찾는 것이다.

우리 아이의 타고난 기질을 파악하는 방법

그렇다면 우리 아이의 기질을 파악하기 위해서는 어떻게 해야 할까? 가장 좋은 방법은 일상적인 활동에서 세심하게 아이를 관찰하는 것이다. 방식은 다음과 같다.

- 독립적인 놀이 방식을 통해 집중도, 지속성, 창의성 발현 정도를 파악한디.
- 또래와의 상호작용 안에서 의사소통 방식, 협동성, 리더십 성향 등을 알아본다.
- 새로운 상황에서의 적응과 대처 방식을 통해 적응력, 문제 해결 접근법 등이 어떠한지 살핀다.
- 문제 해결 과정에서 어떠한 접근법을 사용하는지 세심하게 관찰하면 논리적 사고 방식, 직관적 이해력 등을

파악한다.

− 실패나 좌절 상황에서의 반응 형태를 통해 회복 탄력성

이나 도전 의식의 정도를 확인한다.

두 번째, 학습 발달 프로필 분석하기

아이의 학습 능력은 영역별로 서로 다른 발달 수준을 보인다. 겉으로는 우수한 학습 능력을 보이는 아이라도, 세부적인 영역에서는 강점과 약점이 존재한다. 반대로 특정 부분에서는 조금 느린 것처럼 보이는 아이가 다른 영역에서 뛰어난 능력을 보이는 경우도 있다.

- 수 감각과 연산 능력 : 수의 크기 비교, 기본 연산의 이해와 적용
- 공간 지각력과 도형 이해력 : 도형의 구성과 변형, 공간 관계 파악
- 논리적 추론 능력 : 규칙성 발견, 인과관계 이해
- 문제 해결 전략 활용 능력 : 문제 이해와 해결 방안 도출

– 수학적 의사소통 능력 : 수학적 개념과 아이디어의 표현

　이러한 불균형은 자연스러운 현상이며, 이를 정확히 파악하여 적절히 대응하는 것이 중요하다. 특히 수학 영역에서는 더욱 세밀한 관찰이 필요하다.

　아이의 영역별 강점과 약점이 무엇인지 꼼꼼히 살펴본 후에 균형 잡힌 발달을 위한 맞춤형 학습 계획을 수립할 수 있다. 약점 영역에 대해서는 보완 접근을, 강점 영역에 대해서는 심화 학습을 제공하는 것이 바람직하다. 이때 중요한 것은 약점을 단순히 '보완'하는 것이 아니라, 강점을 활용하여 약점을 '개선'하는 통합적 접근이다.

　아이의 성향에 맞는 개별화된 학습은 엄마표 교육만이 할 수 있는 특별한 강점이며, 이를 통해 아이의 잠재력을 최대한 끌어

올릴 수 있다. 더불어 기본적인 학업 성취를 넘어서 아이의 자기 주도 학습 능력과 학습에 대한 긍정적인 태도를 형성하는 데도 결정적인 역할을 한다.

3

엄마의 교육적 성장, 지속 가능한 학습의 힘을 만들어낸다

　　교육 현장에서 자주 마주치는 부모들의 또 다른 오해 중 하나는 아이가 스스로 학습할 수 있을 것이라는 기대다. 하지만 발달심리학 관점에서 볼 때, 아이의 자기주도 학습 능력은 하루아침에 생기는 것이 아니다. 학습 능력은 마치 걸음마를 배우는 과정과 같아서 처음에는 반드시 안내자가 필요하다. 그리고 그 안내자는 바로 엄마다. 특히 학령기 이전의 아이일 경우, 기초적인 학습 습관과 태도 형성에 있어 엄마의 역할이 결정적이다.

앞에 언급한 바와 같이 일부 학부모들은 단순히 아이 곁에서 지켜보는 것이나 함께 노는 것만으로도 충분하다고 생각한다. 그러나 교육학적 관점에서 볼 때, 이는 불완전한 접근이다. 진정한 엄마표 학습이란 교육자로서 엄마가 먼저 성장하는 것에서 시작된다. 단순한 지식의 전달자가 아닌, 아이의 전인적 발달을 이끄는 조력자의 역할을 의미한다.

학습 동기와 방법론의 핵심, 부모의 교육적 역량

교육심리학 연구에 따르면, 아동의 학습 패턴과 동기부여는 부모의 교육 방식과 밀접한 관련이 있다. 긍정적인 학습 경험을 지닌 부모는 자연스럽게 효과적인 학습 전략을 전수할 수 있다. 이들은 자신의 경험을 바탕으로 아이에게 적절한 난이도의 과제를 제시하고, 효과적인 학습 방법을 안내할 수 있다.

반면, 학습 경험이 다소 부족한 부모는 교육 방법에서 어려움을 겪기도 한다. 이는 단순히 지식이 부족해서가 아니라, 학습 과정에 대한 이해와 접근 방식의 차이에서 비롯된다. 그러나 이것이 엄마표 학습을 포기해야 할 이유가 되지는 않는다. 오히려 부모에게도 성장 기회가 될 수 있다.

다행히도 이러한 격차는 체계적인 학습 커뮤니티를 통해 극복할 수 있다. '사월이네 공부방'은 이러한 필요를 충족시키는 플랫폼을 제공한다. 특히 '멱살 잡는 수학 스터디'와 같은 체계적인 프로그램은 학부모의 교육 역량 강화에 큰 도움이 된다. 기본-심화-초등 과정으로 구분된 커리큘럼은 학부모들이 단계적으로 성장할 수 있도록 설계되어 있다. 단순한 문제 풀이를 넘어서 아이들의 연령별 단계에 맞는 학습 과정과 수학적 사고력을 키우는 방법론까지 포함한다.

처음에는 아이가 아닌 엄마가 공부를 해야 하는 상황에 당혹스럽고, 눈앞에 놓인 과제들이 그저 어렵게만 느껴질 수도 있다. 그러나 엄마표 공부법을 선택한 이상, 엄마는 어떻게 하면 아이한테 더 많은 것을 알려줄 수 있을지 고민하고 또 고민해야 한다.

엄마가 아는 것이 많아져야 지치지 않고 다양한 방식으로 아이와 의미 있는 학습 시간을 공유할 수 있기 때문이다.

실제로 효과적인 학습 방법을 모르는 상태에서 아이와 시간을 보내게 되면 1분, 1초 소중한 시간을 흘려보내기 급급하다. 해야 할 것들을 미리 정해둔 상태라고 하더라도 갑작스러운 돌발 상황에 대처할 수 있는 위기 극복 능력도, 예상보다 남는 시간을 활용할 유연성도 부족하기 때문이다.

그러나 '사월이네 공부방'의 체계적인 학습법을 통해 학부모의 교육 역량을 강화시킨다면 아이와의 학습 시간이 더 이상 두렵지 않다. 간단한 종이접기를 하더라도 다양한 방식으로 몇 시간씩 아이와 놀이 학습을 진행할 수 있게 되는 것이다.

엄마가 아는 게 많아져야 아이에게 할 수 있는 게 많아진다. 사월이네 공부법을 제대로 수행하고 싶은 엄마들이라면 이 점을 가슴 깊이 새겨두어야 할 것이다.

교육적 일관성이 만드는 학습의 지속성

발달 심리학자들은 교육 환경의 일관성이 아동의 학습 안정성에 미치는 영향을 강조한다. 특히 현대 사회에서 학부모들은 다양한 교육 방식 사이에서 혼란을 겪곤 한다. 이러한 혼란은 때로 교육의 불안정성으로 이어지기도 한다.

> "다른 집은 학원을 보내는데… 숲 체험을 시키는데… 우리 아이는 이대로 괜찮을까?"

불안감은 자신의 교육 철학에 대한 확신이 부족할 때 발생한다. 그러나 중요한 것은 방법의 선택이 아니라 그 방법의 일관된 실천이다. 교육의 효과는 단기간에 나타나지 않는다. 아동의 인지 발달 특성상, 지속적이고 일관된 교육 방식이 장기적으로 더 큰 효과를 발휘한다.

여기서 주목해야 할 점은, 교육의 일관성이 단순히 같은 방식을 고수하는 것을 의미하지 않는다는 것이다. 교육 원칙과 가치관을 일관되게 유지하면서, 아이의 발달 단계와 특성에 맞춰 유연하게 적용하는 것이 진정한 교육의 일관성이다. 이를 위해서는 아이의 자연스러운 성장을 존중하면서, 필요한 교육적 지원을 제공해야 한다.

교육의 일관성은 아이에 대한 신뢰를 바탕으로 이루어진다. 이를 위해 발달 단계에 따른 자연스러운 성장을 인정하고 기다리는 자세가 필요하다. 때로는 더딘 것처럼 보일 수 있지만, 이는 실제로 가장 효과적인 학습 방식이며 성장의 과정이다. 아이의 현재 수준을 인정하고, 그들만의 속도로 자라날 수 있도록 지원하는 것이 중요하다.

여기서 핵심은 신뢰를 바탕으로 한 행동이 함께 이루어져야 한다는 점이다. '알아서 잘하겠지!'라며 아무것도 하지 않은 채 믿고 기다리기만 하는 것은 교육이 아닌 방치일 뿐이다. 진정한 교육적 신뢰란 무언가를 가르치기 위해 노력하고 적극적으로 행동한 뒤, 그에 따른 결과가 조금 늦더라도 믿고 기다려주는 것이다. 이것이 바로 올바른 학습 행동에 따른 신뢰라고 할 수 있다.

신뢰와 일관성을 바탕으로 적극적으로 행동할 때, 아이는 비로소 안정적인 학습 태도와 동기를 형성할 수 있다. 이는 단순한 학업 성취를 넘어서, 평생 학습자로서의 기초를 다지는 중요한 과정이 된다. 결국 엄마표 학습의 진정한 가치는 지식의 전달이 아닌, 학습에 대한 긍정적 태도와 자기주도 학습 능력의 발달에 있다.

4

사월이네 공부법 주의사항
: 알아두면 쓸모 있는 특별 처방전

아이의 타고난 기질과 학습 상황을 면밀히 살펴보고 '사월이네 공부방' 카페에서 안내하는 체계적인 방법을 따라 열심히 공부를 했음에도 원하는 효과를 보지 못했다면, 분명히 놓치고 있는 부분이 있을 것이다. 본격적으로 사월이네 공부법 실전에 돌입하기에 앞서 실패 없는 엄마표 공부법을 위한 주의사항을 꼼꼼히 살펴봐야 한다.

화가 나도 잠깐 숨고르기

몇 번을 설명해도 이해하지 못하고, 같은 문제를 반복해서 틀리는 아이를 보다 보면 엄마의 표정은 점점 굳어지고 목소리는 높아지기 마련이다. 답답한 마음에 그러는 것이지만, 엄마의 잔소리와 질타는 아이를 위축되게 할 뿐이다. 엄마와의 학습이 점점 힘들어질수록 아이는 더욱 긴장하게 되고, 그로 인해 실수도 잦아지게 된다.

이런 상황에서는 아이의 학습 효과를 기대하기 어렵다. 학습 효과는 차치하고라도 공부 자체가 아이에게 스트레스가 되어 교육을 이끌어 나가야 하는 엄마와의 관계마저 악화될 수 있다. 쉽지 않은 일이지만, 아이를 대할 때는 최대한 감정을 다스리고 침착함을 유지하는 것이 중요하다. 엄마표 공부법의 성공은 아이에 대한 신뢰와 인내심에서 비롯된다. 아이가 우리의 기대보다 느리게 배우거나 쉽게 이해하지 못한다고 해서 화를 내다보면, 진정한 의미에서 엄마표 공부법의 성공을 이룰 수 없다.

학습 속도에 조급해 하지 말고 여유 갖기

모든 고민과 괴로움은 비교에서 시작된다. 다른 집 아이들이 영어를 조금 더 잘한다고, 수학 문제를 더 잘 푼다고 조급해하지 말아야 한다. 엄마표 공부법의 핵심은 아이의 수준에 맞게 학습하며 기본기를 튼실하게 다져주는 것이다.

만약 조급한 마음에 엄마의 욕심으로 과하게 학습 진도를 나갈 경우 아이의 학습 능력에 구멍이 뻥, 뻥 뚫릴 수 있다. 당장에는 빠른 진도에 만족스러울지 모른다. 하지만 제대로 기초를 다지지 못해 생겨난 구멍은 훗날 아이의 공부에 걸림돌이 되어 앞으로 더 나아갈 힘을 빼앗는 요인이 된다. 부실 공사로 만들어져 언제든 무너질 수 있는 건물과 다를 바가 없다.

그러니 아이가 조금 늦더라도, 내가 생각했던 것만큼 학습 진도가 나가지 않더라도 여유로운 마음으로 지켜보고 아이를 믿어주는 것이 좋다.

기초부터 차근차근, '당연히' 알 거라고 넘기지 말기

처음부터 사월이네 공부법으로 시작했다면 좋았겠지만, 많은 엄마들이 뒤늦게 엄마표 공부법을 알게 된다. 늦게 시작했더라도 괜찮다. 지금부터라도 아이의 연령에 맞는 학습을 찾아 열심히 공부하며 함께 나아가면 된다.

이 과정에서 엄마들이 흔히 빠지는 함정이 있다. 바로 '이건 당연히 알겠지!'라는 생각이다. 학원이나 기존 학습 과정에서 이미 배웠을 거라 여기며 넘어가기 쉽지만, 의외로 아이들은 우리가 생각한 것만큼 알지 못하는 경우가 많다.

엄마에게 당연한 것이 아이에게는 전혀 당연하지 않을 수 있다. 그래서 아이가 이미 알 것 같은 내용이라도 다시 한 번 차근히 설명하고 이해시키는 과정이 꼭 필요하다.

돌다리도 두드려 보고 건너라는 말처럼, 처음부터 차근차근 기초를 다지며 아이의 이해도를 꼼꼼히 확인해야 한다. 그것이 바로 성공적인 학습의 시작이다.

'괜찮아', '잘하고 있어' 칭찬하기

아이가 실수하거나 틀린 답을 말했을 때, 그 순간을 단순한 실패의 경험으로 남겨두지 말아야 한다. 부정적인 기억은 긍정적인 기억보다 더 깊고 오래 남게 되므로 화를 내기보다는 긍정적인 말로 아이에게 동기를 부여하는 것이 바람직하다.

교구를 활용한 놀이 학습 중에 실수하거나, 교재 문제를 틀렸을 때도 "어머, 너는 어쩜 이렇게 창의적인 생각을 할 수 있는 거니?"라며 긍정적으로 반응해주는 것이 좋다. 칭찬은 고래도 춤추게 한다는 말처럼 엄마의 따뜻한 칭찬 한마디는 아이의 좌절감을 희망으로 바꾸는 놀라운 힘을 가지고 있다.

이처럼 실수와 실패의 순간을 긍정적인 학습 경험으로 전환시켜주는 것이 진정한 엄마표 교육의 지혜다.

아이의 끊임없는 질문에 지치지 말기

엄마표 학습에서 가장 중요한 것은 엄마와 아이의 정서적 교류다. 하지만 많은 엄마들이 아이의 끊임없는 질문 앞에서 어려움을 겪곤 한다.

세상의 모든 것이 신기하고 궁금한 아이들에게 질문이 많은 것은 자연스러운 현상이지만, 매번 적절한 답을 해주기는 쉽지 않다. 이럴 때는 "너는 어떻게 생각하니?", "이런 상황에서는 어떻게 하면 좋을까?", "엄마랑 함께 알아볼까?"처럼 아이에게 역으로 질문을 던져보는 것이 좋다. 단순히 답을 알려주는 것보다, 함께 고민하고 해답을 찾아가는 과정을 통해 아이의 창의력을 키울 수 있다.

아이의 공부 체력 안배를 신경 쓰기

참을성을 가지고 한 자리에 진득하게 앉아있는 것은 생각보다 힘들고 어려운 일이다. 특히, 집중해서 뇌를 사용할 때는 몸을 움직일 때보다 더 큰 에너지를 사용한다는 연구 결과도 있다. 시간이 지날수록 집중력은 자연스럽게 떨어지기 마련이다.

성인도 오랜 시간 집중하기 어려운데, 어린아이들은 더욱 그럴 것이다. 아이들의 에너지가 넘치는 것은 사실이지만, 지속적인 집중력을 요구하는 공부에는 분명한 한계가 있다.

이러한 한계를 고려하지 않은 채 무작정 학습을 진행하다 보면 아이들의 체력은 금방 바닥이 날 수 있다. 체력이 소진되면 자연스레 집중력도 떨어져 공부는 더욱 힘들어진다. 이런 상황이 반복되면 학습에 대한 부정적인 기억이 쌓이면서 반항심이 생기고, 결국 공부하기 싫다며 떼를 쓸 수도 있다.

그렇기 때문에 사월이네 공부법을 진행할 때는 적절한 체력 안배가 무엇보다 중요하다. 아이가 가장 활발하고 집중력이 높은 시간대를 파악해 그때 집중적으로 공부한다면, 훨씬 더 효과적인 학습이 이루어질 수 있을 것이다.

엄마의 과도한 개입 자제하기

사월이네 공부법의 핵심 목표는 아이 스스로 생각하는 힘을 기르고 더 나아가 자기주도적 학습을 하는 것에 있다. 하지만 '엄마표 공부'라는 타이틀에 사로잡혀 아이 공부에 하나하나 다 개입하려는 엄마들이 간혹 존재한다. 이는 아이의 학습 성장에 오히려 저해되는 행동이다.

엄마가 먼저 학습 내용을 숙지한 후 아이에게 차근차근 알려준 뒤 아이가 온전히 이를 이해하고 스스로 배워나갈 수 있도록 옆에서 기다려주는 것이 좋다. 아이가 문제를 해결해 내지 못했을 때 힘이 되어주는 것도 올바른 일이다. 하지만 스스로 생각할 틈도 주지 않고 막무가내로 개입하며 학습을 방해한다면 아이가 자신이 배워야 할 지식을 온전히 흡수하지 못할 수도 있다.

게다가 아이들은 어른들은 미처 생각하지 못했던 창의적인 시각으로 문제를 바라보고 이해할 때도 더러 있다. 그러한 창의적 사고를 더 넓게, 깊게 확장시켜야 하는데, 이때 엄마가 잘못 개입하면 아이의 창의성을 막을 수 있다. 더불어 혼자 두어도 알아서 잘하는 아이일 경우 엄마의 과도한 개입은 오히려 산만함을 초래할 수 있으니 조심해야 한다.

아이가 싫어한다고 포기하지 말고 관심 유도하기

　사월이네 공부법을 접한 후 호기롭게 엄마표 공부에 도전하겠다고 나섰지만, 정작 함께해야 할 아이가 말을 제대로 듣지 않아 답답한 엄마들이 있을 것이다. 재미있는 놀이 학습을 열심히 준비해서 들이밀어 보아도 무조건 싫다며 손사래를 치고 울고 떼를 쓰는 모습을 보고 있노라면 '에라, 나도 모르겠다!'라는 심정으로 두 손 두 발 다 드는 경우도 종종 발생한다.

　하지만 엄마 마음처럼 아이가 제대로 따라와 주지 않는다고 해서 바로 포기하는 것은 아직 이른 판단이다. 미리 준비한 놀이 학습에 아이가 흥미를 보이지 못한다면 다른 방향으로 접근해 볼 필요가 있다.

　우선, 지금 현재 우리 아이가 어떤 것에 가장 즐거워하는지 파악해야 한다. 블록 쌓기에 열중하는 아이가 있는가 하면, 종이접기에 흥미를 갖는 아이, 또는 인형 놀이에 즐거움을 느끼는 아이가 있을 것이다. 아이가 흥미를 느끼는 것에 대해 면밀히 살펴본 뒤 이를 먼저 활용하여 놀이 학습에 도전하는 것이 좋다. 아이가 즐겁게 놀면서 학습하며 자연스럽게 배우는 분위기에 적응하다 보면 평소 관심을 두지 않던 다른 방향으로 인도해도 큰 거부감 없이 나아갈 수 있을 것이다.

아이의 행복을 우선하기

사월이네 공부법의 궁극적인 목표는 아이의 행복이다. 아이가 스트레스 없이 자신만의 방식으로 즐겁게 학습할 수 있도록 돕는 것이 가장 중요하다.

학습 과정에서 아이가 과도한 스트레스를 보인다면, 즉시 학습을 멈추고 그 원인을 찾아보아야 한다. 혹시 엄마의 욕심으로 과도한 학습량을 요구하지는 않았는지, 아이의 기질과 맞지 않는 학습 방법을 고집하진 않았는지 면밀히 살펴봐야 한다.

아무리 뛰어난 공부법이라 해도 아이의 행복을 담보로 한다면 의미가 없다. 진정한 엄마표 공부법은 아이가 웃으면서 즐겁게 배울 수 있는 환경을 만들어주는 것에서 시작한다. 이것이 바로 엄마표 교육을 선택한 우리가 잊지 말아야 할 가장 중요한 가치이다.

Part 3.

자기주도 학습의 시작
: 사월이네 공부법 100배 즐기기

수학 : 창의적 사고의
기초를 다지는 첫걸음

현대 교육에서 '창의 사고력'과 '통합 사고력'은 단순한 교육 용어를 넘어 미래 인재의 필수 역량으로 주목받고 있다. 특히 글로벌 교육 트렌드인 'STEAM'은 과학Science, 기술Technology, 공학 Engineering, 예술Art, 수학Mathematics을 유기적으로 연결하는 통합적 접근을 강조한다. 이러한 역량을 키우는 데 있어 수학은 가장 기본이 되는 동시에 강력한 도구가 된다.

수학의 가장 큰 특징은 추상적 개념을 구체화하는 '추상화' 과정에 있다. 예를 들어, 우리가 일상적으로 사용하는 숫자나 수식은 실제로는 보이지 않는 추상적 개념을 기호로 표현한 것이다. 우리 눈에 보이지 않는 미적분의 원리를 이해하고 문제를 풀어내야 하는 것이 대표적인 예다.

영유아기에는 다양한 교구를 통해 추상화 능력을 자연스럽게 발달시킬 수 있다. 실제로 만지고 조작할 수 있는 교구는 아이들의 수학적 직관과 사고력을 키우는 데 매우 효과적이며, 이는 수많은 교육 연구를 통해 입증되었다. 차근차근 키워나간 창의 사고력은 수학 영역뿐만 아니라 더 나아가 다른 과목에도 그 힘을 발휘해 원활한 학습이 가능해질 수 있도록 한다.

'사월이네 공부방'에서는 아이의 발달 단계를 고려한 체계적인 4단계 수학 학습법을 제안한다. 각 단계는 아이의 인지 발달과 학습 능력을 고려하여 설계되었다. 그 중 첫 단계인 0~3세 과정부터 자세히 살펴보자.

STEP 1. 0~3세 : 감각을 통한 수학적 기초 다지기

학습 목표

– 생활 속 자연스러운 수 개념 형성

– 다감각 교구 활용을 통한 수학적 기초 감각 발달

– 놀이를 통한 수학적 호기심 자극

– 일상생활 속 수학적 요소 발견하기

이제 막 걸음마를 떼고 더듬더듬 말을 시작하는 이 연령대의 아이들은 교육학자들로 하여금 '무의식적 흡수기'로 불린다. 마치 하얀 도화지처럼 모든 경험이 아이의 뇌에 깊이 각인되는 매우 중요한 시기다.

따라서 이때는 '선행학습'이라는 이름으로 강제적인 학습이나 반복 훈련을 하기보다는 아이의 자발적 호기심을 자극하는 즐거운 놀이를 통해 수학적 감각을 자연스럽게 키우는 것이 무엇보다 중요하다. 특히 긍정적인 각인이 동반해야 하는데, 이를 임프린팅Imprinting 과정이라고도 부른다.

임프린팅이란 태어난 지 얼마 안 되는 한정된 기간 동안 습득하여 영속성을 갖게 되는 행동을 뜻한다. 이는 학습 단계에도 적용되는 말이다. 흔히 '각인'이라고 부르는 이 과정을 긍정적으로 경험하느냐, 부정적으로 경험하느냐에 따라 미래의 공부력이 달라진다.

그렇기 때문에 이 시기에 놀이 학습이 그 무엇보다 중요하다. 아이의 흥미를 유발할 수 있는 즐거운 놀이를 통해 수학적 호기심을 자극하고 수학적 기초 감각을 발달시키는 것에 초점을 맞춰야 한다. 무언가를 배우는 것이 재미없고 힘든 일이 아니라 즐겁고 행복한 일이라는 인식을 아이의 기억 깊숙한 곳에 심어주어야 하는 것이다.

교구를 활용한 즐거운 놀이는 다음과 같은 다양한 영역의 발달을 촉진한다.

인지적 측면

- 문제 해결 능력 : 다양한 시행착오를 통해 해결책을 찾는 능력

- 창의력 : 새로운 방식으로 문제에 접근하는 능력

- 기억력 : 경험을 통해 정보를 저장하고 활용하는 능력

- 집중력 : 한 가지 활동에 지속적으로 주의를 기울이는 능력

- 언어 발달 : 수학적 개념을 언어로 표현하는 능력

여기서 끝이 아니다. 교구를 활용한 놀이 학습은 타인과의 소

통이 필수적이기 때문에 사회성 발달에 이상적이고 근원적인 훈련 과정이라고 할 수 있다. 아이가 교구 놀이에 참여할 때 배울 수 있는 사회적 능력은 다음과 같다.

사회적 측면

– 의사소통 기술 : 자기 생각을 표현하고 타인의 의견을

　이해하는 능력

– 협력 : 또래나 성인과 함께 문제를 해결하는 능력

– 타협 : 다른 사람과의 의견 차이를 조율하는 능력

– 공감 : 타인의 감정과 관점을 이해하는 능력

– 자기 규제 : 자신의 행동과 감정을 조절하는 능력

교구 놀이는 단순한 놀이 이상의 교육적 가치를 지닌다. 아이

가 직접 손으로 만지고 조작하는 과정에서 소근육이 자연스럽게 발달하고, 시각, 촉각, 청각 등 다양한 감각 자극을 통해 두뇌가 전반적으로 발달하게 된다. 특히 추상적인 수학 개념을 구체적인 경험으로 체득할 수 있게 해주어 향후 수학 학습의 튼튼한 토대가 된다.

이 과정에서 주의할 점은 충분한 감각 경험 단계를 건너뛰고 성급하게 개념 학습으로 들어가서는 안 된다는 것이다. 교구를 통한 충분한 놀이 경험 없이 진행되는 조기 학습은 오히려 수학에 대한 거부감과 부정적 태도를 형성할 수 있다. 때문에 반드시 아이의 발달 단계에 맞는 적절한 교구 활동을 충분히 선행한 후에 단계적으로 교재 학습으로 나아가는 것이 바람직하다.

이러한 체계적인 접근은 수학 실력을 향상하는 것을 넘어 아이가 수학을 즐겁게 받아들이고 스스로 탐구하려는 태도를 기르는 데 결정적인 역할을 한다. 이것이 바로 진정한 의미의 수학 교육의 시작이라고 할 수 있다.

STEP 2. 4~7세 : 수학적 사고의 기초를 다지는 결정적 단계

학습 목표

– 체계적 교구 활용을 통한 수학적 기본 개념 형성

– 구체적 조작 활동에서 추상적 사고로의 자연스러운 전환

– 수학적 규칙성과 패턴의 발견

– 수학적 의사소통 능력의 토대 마련

– 일상생활 속 수학적 경험의 내면화

– 수학에 대한 긍정적 태도 형성

4~7세는 아동의 인지 발달에서 가장 중요한 시기다. 이 기간은 뇌의 시냅스가 가장 활발하게 형성되어 학습 능력의 기초가 완성되는 때다. 더불어 평생의 학습 태도가 형성되는 결정적 시

기이기도 하다. 특히 수학적 사고의 기초가 형성되기 때문에 체계적이면서도 재미있는 접근이 필요하다.

① 자연스러운 수학적 경험의 축적

이 시기에는 일상생활 속에서 자연스럽게 수학적 개념을 접하도록 하는 것이 중요하다. 교구와 워크북을 활용하되, 수, 연산, 도형, 측정, 규칙성, 자료 등 수학의 모든 영역을 골고루 경험하도록 한다. 특히 새로운 개념을 도입할 때는 점진적이고 반복적인 노출이 핵심이다.

획일화된 단계별 학습에만 매몰되지 않고, 다양한 수학 개념을 통합적으로 경험하도록 하는 것이 바람직하다. 덧셈과 뺄셈을 배우는 시기와 곱셈과 나눗셈을 배우는 시기를 엄격히 구분할 필요는 없다. 단계별 학습만 진행하다 보면 아이들은 아무런 지식 없이 새로운 내용을 갑작스럽게 마주치게 된다. 미리 배운 것이 없으니 새로운 내용이 당혹스럽고 낯설어서 어려움을 느낄 수 있다. 때문에 미리 수학의 전 영역을 맛보게 해야 한다.

예를 들어 분수 개념을 가르칠 때는 피자 나누기나 색종이 접기 같은 구체적 활동을 통해 자연스럽게 접근하는 것이 좋다. 이때 분수뿐만 아니라 나눗셈, 비율, 대칭 등 다양한 수학 개념을 함께 경험할 수 있다.

이러한 통합적 경험은 추후 형식적인 수학 학습에서 큰 도움이 된다. 아이들은 이미 경험한 개념을 바탕으로 새로운 학습 내용을 더 쉽게 이해할 수 있게 된다.

② 직관적 수 감각과 수량 개념의 발달

기초적인 수 감각을 발달시키는 것 또한 아이 학습 능력 증진에 있어 빼놓을 수 없는 부분이다. 직관적 수 세기^{subitizing}는 수 개념 발달의 토대가 되며, 추후 수학적 사고력 발달에 결정적 영향을 미친다. 예를 들어, 주사위의 점들을 일일이 세지 않고도 한눈에 알아볼 수 있는 능력은 이후의 수학적 사고 발달에 중요한 기초가 된다.

흔히 '수양일치'라고 부르는 수와 양의 관계(수량 대응)를 이해하는 것도 핵심적인 발달 과제다. 다양한 구체물을 활용한 놀이와 활동을 통해 수와 실제 양이 일치한다는 개념을 자연스럽게 습득하도록 한다. 이때 중요한 것은 단순한 반복이 아닌, 의미 있는 경험으로 인한 학습이다.

직관적 수 세기와 수양일치 개념을 기를 때 직관적 사고가 필요하다. 이러한 직관적 사고는 앞서 말한 반복에 의해서 생기는 것이다. 하나의 일을 꾸준히 하다 보면 장인이 되듯이 수많은 수를 반복적으로 보다 보면 한 번만 봐도 직관적으로 그 수가 딱 보이는 것을 의미한다.

특히 구체물 활동에서는 다양한 감각을 활용하는 것이 좋다. 시각적 자료뿐만 아니라, 직접 만지고, 조작하고, 움직이는 활동을 통해 수학적 개념을 몸으로 체득하도록 한다.

③ '드릴식 연산'으로부터의 탈피

2 더하기 5, 3 더하기 7과 같은 한 자리 수 덧셈은 손가락, 발가락을 사용해서 곧잘 풀어내던 아이가 15 더하기 17같은 두 자리 수 덧셈의 문턱에서는 갈 길을 잃은 어린 사슴처럼 얼어붙어 멈춰서버린다. 일찍부터 수학적 감각을 키우기 위해 시간과 노력을 많이 기울였던 부모들은 이 상황이 매우 당황스러울 것이다. 무엇이 문제일까? 문제의 원인을 찾다 보면 대개 '드릴식 연산'에서 그 실마리를 발견하게 된다.

우리나라 교육 현장에서는 오랫동안 드릴식 연산을 통해 계산력을 향상시키는 학습이 보편화되어 있다. 드릴식 연산이란, 기본 공식을 기반으로 같은 유형의 문제를 반복적으로 풀어 계산속도와 풀이 능력을 향상시키는 방식으로, 기계적인 문제 풀이에 중점을 둔다.

드릴식 연산은 학습 과정에서 오히려 장애물이 될 수 있다. 당장의 문제는 해결할 수 있을지 몰라도, 문제의 핵심과 개념, 원리를 제대로 이해하지 못해 특정 단계에 이르면 대부분의 아이들이 큰 어려움을 겪게 된다. 게다가 끊임없는 반복 학습은 아이들이 수학 자체를 멀리하게 만드는 원인이 되기도 한다.

이러한 문제를 예방하기 위해서는 기계적인 드릴식 연산 학습에서 벗어나야 한다. 공식에 의존한 반복적 문제 풀이에 중점을 둘 것이 아니라, 적절한 교구를 활용한 입체적인 학습을 통해 개념과 원리를 충분히 체득하도록 하는 것이 중요하다.

④ 체계적인 수학 교육의 시작

이 시기의 수학 교육은 단순한 셈하기를 넘어서 종합적인 수학적 사고력을 키우는 데 초점을 맞춰야 한다. '사월이네 공부방'의 '수학탐구반'은 이러한 관점에서 체계적인 커리큘럼을 제공한다. 특히 부모가 올바른 수학 교육 방법을 이해하고 실천할 수 있도록 돕는 것에 중점을 둔다.

수학탐구반에서는 단순 반복이나 기계적 학습이 아닌, 아이의 발달 단계에 맞는 적절한 교육 방법을 선택하고 실행하는 것을 강조한다. 각 연령대별로 필요한 수학적 개념과 적절한 교구 활용법, 효과적인 지도 방법 등을 체계적으로 안내한다.

또한 수학적 의사소통 능력을 기르는 것도 중요하다. 아이가 자신의 수학적 사고를 말로 표현하고, 다른 사람의 생각을 이해하며, 수학적 문제 해결 과정을 설명할 수 있는 능력을 기르도록 한다.

종합적인 접근을 통해 아이들은 수학에 대한 긍정적 태도를 형성하고, 향후 수학 학습의 단단한 기초를 마련할 수 있다. 더불어 논리적 사고력, 문제해결력, 의사소통 능력 등 미래 사회에 필요한 핵심 역량도 자연스럽게 키울 수 있게 된다.

학교 수학만을 잘하기 위한 준비가 아닌, 평생 수학적 사고력을 활용할 수 있는 기초를 마련하는 과정이다. 따라서 부모는 아이의 발달 단계를 고려한 적절한 교육 방법을 선택하고, 꾸준히 실천하는 것이 중요하다.

'수탐반' 수업 준비 체크리스트

엄마들의 공부에도 사전 준비가 필요하다. 수탐반에서 '엄마의 수학 공부'와 '수학의 구조 대사전' 강의를 들을 때 미리 점검해야 하는 부분과 꼭 필요한 준비물을 모두 모아 정리했다.

① 준비물

연필	지우개	검정색 볼펜	색 볼펜
✏️	색연필 또는 형광펜	🧽	A4 용지
스프링 파일(40매 기준으로 3~4권 정도 필요)	📓	스템플러	색종이, 원형색종이
✂️	가위	자	📐
각도기	🧭	컴퍼스	포스트잇

② 교구

수큐브	칠교	달력	쌓기나무 (정육면체 블록)
식계	입체도형 교구 (입체도형 물건)		저울

③ 엄마의 수학 공부 자료 다운 및 인쇄하기

본격적인 엄마의 수학 공부를 하기 위해 사월이네만의 노하우를 가득 담은 자료를 공유 중이다. 각 단계별 진도표는 물론이거니와 엄마표 수학에 꼭 필요한 자료들이 가득하니 반드시 시작 전 다운받아 정리하는 것이 좋다. 앞서 미리 준비한 A4 용지와 스프링 파일로 정리하는데, 단면 인쇄하여 여백에 강의 내용을 필기해 두는 것도 좋은 방법이다.

STEP 3. 8~9세 : 구체물에서 추상적 사고로 전환하는 징검다리 만들기

학습 목표

- 구체적 조작과 추상적 사고의 균형적 발달

- 개별 학습 속도를 고려한 맞춤형 지도

- 탄탄한 기초 지식 형성기로서의 의미 부여

- 문제 해결력의 기초 다지기

- 수학적 사고의 언어적 표현 능력 향상

아이들의 인지 발달 과정을 지켜보면 매우 흥미로운 현상이 발견된다. 실물 교구로 학습할 때는 빠르게 이해하고 해결하던 아이들이 같은 개념을 교과서나 문제집으로 접하면 어려움을 겪는 경우가 많은 것이다. 이는 구체적 경험이 추상적 개념으로 전환되는 과정에서 자연스럽게 나타나는 현상이며, 아이의 인지 발달 단계에서 필연적으로 거쳐야 하는 과정이기도 하다.

실제로 아이들은 7개의 블록과 8개의 블록을 한데 모으면 15개가 된다는 것을 직관적으로 이해한다. 하지만 '7+8=?' 이라는 수식을 보면 막막해한다. 이는 실물 조작 경험이 추상적 기호로 전환되는 과정에서 발생하는 자연스러운 인지적 간극이다.

특히 8~9세 시기에 이러한 현상이 두드러지게 나타난다. 이는 아이들의 뇌가 구체적 사고에서 추상적 사고로 전환되는 중요한 발달 시기이기 때문이다.

① 단계적 추상화 과정 설계하기

예를 들어 소금물을 이용해 백분율 개념을 가르칠 때, 처음부터 '30% 용액'이라는 추상적 표현을 사용하면 아이들은 이해하기 어려워한다. 대신 실제 물과 소금으로 용액을 만들어보고, 그 과정을 수치화하고 기록해보는 활동을 하면 자연스럽게 백분율 개념을 이해하게 된다.

중요한 것은 아이들에게 충분한 실험과 관찰의 기회를 제공하는 것이다. 물과 소금의 비율을 달리하며 여러 번 실험해보고, 그 결과를 표로 정리하고, 그래프로 그려보는 등 다양한 표현 방식을 경험하게 해야 한다. 이러한 과정을 통해 아이들은 자연스럽게 비율과 백분율의 개념을 체득하게 된다.

실물 조작 → 수치화 → 도식화 → 추상화

결론적으로는 위와 같은 단계적 접근이 필요하다. 교구 활동과 교재 학습을 번갈아 가며 진행하되, 한 개념에 대해 충분한 실물 경험을 한 후에 문제 풀이로 넘어가는 것이 바람직하다. 이때

각 단계별로 아이의 이해도를 꼼꼼히 확인하고, 필요한 경우 이전 단계로 돌아가 보충학습을 하는 것도 중요하다. 사월이네 공부방에서 '수탐반'을 운영할 때 교구 활동을 중점으로 하는 것도 이러한 이유 때문이다.

② 미래 학습 내용, 잠재의식 속에 심어두기

아이들의 학습 발달 과정에서 연령대별로 적절한 교육적 접근을 할 필요가 있다. 특히, 3세 이하의 아이들에게는 수학에 대한 긍정적 각인이 가장 중요하다. 이 시기에 형성되는 수와 수학에 대한 좋은 기억, 그리고 즐거운 경험이 이후 학습의 근간이 되기 때문이다.

반면 8~9세 아이들에게는 미래 학습을 위한 잠재의식 형성이 핵심이며, 이는 생각보다 간단한 방법으로 이루어질 수 있다. 예를 들어 보자.

"1보다 작은 수를 곱해주면 숫자가 점점 더 작아지지? 나중에 고등학교에서 배우는 '수열'에서도 이런 개념을 다시 만나게 될 거야."

위와 같이 현재 배우는 개념이 향후 학습 과정에서 다시 등장한다는 것을 자연스럽게 언급해주는 것만으로도 충분하다. 간단한 언급은 특별한 강조나 압박 없이도 아이의 잠재의식 속에 자연스럽게 스며들어, 추후 동일한 개념을 접했을 때 아이가 이를 전혀 새로운 것이 아닌 익숙한 개념으로 인식하게 만든다.

반면 이러한 접근법이 없다면 아이들은 이미 접했던 개념조차 처음 보는 것처럼 느끼며 어려워할 수 있다. 교육자의 작은 언급 하나가 아이의 미래 학습 경험을 크게 좌우할 수 있다는 점을 반드시 기억해야 한다.

③ 체계적인 영역별 학습 관리

초등 수학의 네 가지 핵심 영역인 '수와 연산', '규칙성과 관계', '도형과 측정', '자료와 가능성'을 균형 있게 다루되, 각 영역별로 구체적 조작 활동을 충분히 경험하도록 한다. 이때 아이의 이해도와 속도에 맞춰 개별화된 학습 계획을 세워야만 하는 것이다.

각 영역별 학습에서는 다음과 같은 점들을 특히 유의해야 한다.

- 수와 연산 : 다양한 구체물을 활용한 셈하기 활동을 통해 수 감각을 발달시키고, 점차 암산으로 전환

- 규칙성과 관계 : 패턴 블록이나 도형 조각을 이용해 규칙을 찾고 이를 수식으로 표현하는 활동

- 도형과 측정 : 실제 물건을 측정하고 그리는 활동을 통

해 길이, 넓이, 부피 개념 형성

– 자료와 가능성 : 실생활 자료를 수집하고 분류하여 그

래프로 표현하는 경험 제공

    이러한 체계적 접근은 향후 고학년에서 만나게 될 더 복잡한 수학적 개념들을 이해하는 데 필요한 토대가 된다. 유아기에 형성된 기초 개념들이 새로운 학습 내용과 자연스럽게 연결되면서 수학적 사고력이 확장되는 것이다. 더 나아가 이 시기의 충실한 학습 경험은 추후 대수학이나 기하학과 같은 고차원적 수학 개념을 학습할 때 큰 도움이 된다.

STEP 4. 10세 이상 : 스스로 공부하는 자기주도적 학습 능력 강화

학습 목표

– 자기주도적 문제해결력 강화

– 축적된 지식을 활용한 응용력 개발 단계

– 다양한 문제 해결 전략의 개발과 적용

– 수학적 추론 능력의 심화

– 실생활 연계 문제 해결 능력 강화

영유아기부터 체계적으로 쌓아온 수학적 감각과 지속적인 반복 학습을 통해, 10세 이상이 되면 자기주도 학습이 가능한 단계에 도달하게 된다. 학부모의 직접적인 교육 부담이 다소 경감되는 시기이기도 하다.

이 때 문제 해결의 어려움을 겪는다는 것은 해당 개념에 대한 충분한 이해가 부족하다는 명확한 신호다. 기초부터 차근차근 쌓아온 견고한 지식 기반이 있다면 문장제와 같은 복잡한 문제도 효과적으로 해결할 수 있다.

① 반복 학습을 통해 완전한 학습 개념 습득

여기서 주의할 점은 아동의 표면적인 진전을 보고 성급하게 학습 진도를 서두르면 안 된다는 것이다. 효과적인 학습을 위해서는 이미 학습한 내용이라도 반복적으로 돌아가서 다시 점검하고 심화하는 과정이 필수적이다. 반복 학습을 통해 개념을 완전히 자기화할 수 있으며, 다양한 문제 유형에 대한 적응력도 길러진다.

같은 개념이라도 문제 유형이 달라지면 아이들은 새로운 도전에 직면하게 된다. 충분한 반복 학습을 통해 다양한 유형을 경험하게 되면, 시험이나 실제 문제 상황에서도 당황하지 않고 체계적으로 접근할 수 있다. 이것이 진정한 실력이며 탄탄한 기초의 증거다.

만약 이러한 과정을 생략하고 단순 진도 위주로 학습하게 되면, 실제 평가 상황에서 낯선 문제 유형을 만났을 때 기존 지식을 제대로 활용하지 못하는 상황이 발생할 수 있다.

② 처음으로 다시 돌아갈 용기

학습에는 정해진 속도가 없다. 초등학교 3학년 학생이 현재 학년의 교과 내용을 완전히 이해하지 못한다면, 3학년 수준을 고집하기보다 1학년으로 돌아가 기초부터 차근차근 설명하는 것이 현명하다.

반복 학습은 학생이 내용을 충분히 이해할 수 있을 때만 의미가 있다. 만약 개념을 이해하기에 준비가 되어 있지 않은 상태라면, 아무리 반복해도 시간 낭비일 뿐이다. 오히려 학습 의욕을 떨어뜨리는 결과를 초래할 수 있다.

3학년 학생이 1학년 수준의 개념을 배우는 것을 부끄러워할 필요가 없다. 지금 조금 느리게 가더라도, 튼튼한 기초를 쌓아야 나중에 더 멀리 날 수 있다. 마치 건물을 지을 때 기초 공사가 튼튼해야 높이 올라갈 수 있는 것처럼, 학습에서도 기초가 가장 중요하다.

우리의 교육 목표는 현재의 성적이 아닌 장기적인 학습 역량 개발에 있다. 중학교, 고등학교 과정에서 만나게 될 더 복잡한 수학적 개념들을 효과적으로 학습할 수 있는 기반을 다지는 것이 초등 교육의 핵심이다. 이러한 원칙을 지키며 꾸준히 학습하다 보면 진정한 의미의 자기주도적 학습자로 성장하는 모습을 발견하게 될 것이다.

사월이네 공부방 수학 탐구 로드맵

'사월이네 공부방' 카페에 방대한 양의 자료들을 보며 도
대체 어디서부터, 무엇을 해야 하는지 몰라 방황하는 엄
마들이 많다. 엄마의 수학 공부 강의가 먼저일까, 아니면
멱살 잡는 수학 스터디가 먼저일까? 방대한 학습 자료 속
에서 방향을 잃기 쉬운 학부모들을 위한 체계적인 학습
경로를 제시한다.

Check 1. '매쓰파워빌더스' 교재와 원장 강의를 통한 엄
          마표 수학의 핵심 원리 습득
Check 2. '교구 활용 팁' 게시판에서 구매 교구의 활용
          가이드 학습
Check 3. 취학 전 가이드 학습을 위한 '엄마의 수학 공

부' 게시판 활용

Check 4. 네이버 BAND의 '멱살잡는 수학 스터디'를 통

한 기본/심화 과정 학습

Check 5. '수학의 구조 대사전' 교재 관련 강의 학습

Check 6. 7세 이상 아동을 위한 '멱살잡는 수학 스터디

초등' 강의 수강

2

영어 : 일상의 즐거움이 되는
자연스러운 언어

언어 발달 전문가들은 입을 모아 말한다. 영어 학습에서 가장 중요한 것은 '자연스러운 습득'이라고. 많은 성인들이 오랜 시간 영어 공부를 했음에도 불구하고 실제 의사소통에 어려움을 겪는 이유가 바로 여기에 있다. 문법과 단어 암기 중심의 전통적인 학습법으로는 진정한 언어 능력을 키우기 어렵기 때문이다. 실제로 연구 결과들을 보면, 어린 시절 자연스러운 환경에서 영어를 접한 아이들이 훨씬 더 높은 언어 구사력을 보인다.

자연스러운 영어 환경 조성하기

아이들은 어떻게 모국어를 배울까? 끊임없는 언어적 자극과 반복된 노출을 통해서다. 영어도 마찬가지다. 영어를 제2의 모국어처럼 자연스럽게 습득하려면 풍부한 영어 환경이 필수적이다.

이때 가장 중요한 것은 '즐거움'이다. 게임처럼 재미있게, 놀이처럼 자연스럽게 영어를 접하도록 해줘야 한다. 특히 듣기와 말하기에 중점을 두는 것이 핵심이다. 영어 동요를 함께 부르고, 재미있는 영상을 보며 놀듯이 영어에 스며들 수 있도록 하는 것이 효과적이다.

아이의 일상생활 속에서도 영어 환경을 만들 수 있다. 예를 들어, 장난감이나 생활용품에 영어 라벨을 붙이거나, 식사 시간에 간단한 영어 표현을 사용하는 것만으로도 큰 효과를 볼 수 있는 것처럼 말이다. 중요한 것은 이러한 활동들이 아이에게 부담이나 스트레스가 되지 않도록 하는 것이다.

언어 발달 단계를 고려한 학습 순서

언어 습득의 자연스러운 순서는 '듣기 → 말하기 → 읽기 → 쓰기'다. 특히 유아기에는 듣기와 말하기에 집중해야 한다. 복잡한 문법이나 고급 표현보다는 일상적인 의사소통을 통해 영어에 친숙해지도록 하는 것이 중요하다.

영어 학습 도구로는 양질의 교재나 영상물을 활용할 수 있으며, 화상 영어나 교육용 앱 등 다양한 매체를 보조 수단으로 활용하는 것도 좋은 방법이다. 이때 부모는 교육의 방향을 설정하고 관리하는 '교육 매니저' 역할을 하면 된다.

사월이네 영어 공부에 있어서 '전화 영어'는 영어 학습법 중 가장 효과적인 방식으로 손꼽힌다. 자신의 생각을 영어로 표현하고 실시간으로 소통하는 데 있어 전화 영어만큼 접근성이 뛰어난 학습 방법은 찾기 어렵다.

교재나 영상 콘텐츠는 본질적으로 일방향 학습에 그칠 수밖에 없다. 미리 준비된 자료로 지식 전달은 가능하지만 학습자의 즉각적인 의문이나 생각에 대한 맞춤형 피드백을 제공할 수 없다는 한계를 지닌다.

언어 습득 과정에서 가장 핵심적인 요소는 상호 소통과 즉각적인 피드백이다. 언어는 단순 암기의 대상이 아닌, 사람과 사람 사이의 감정과 생각을 교류하는 도구이기 때문이다.

전화 영어는 이러한 본질적 특성에 부합하여 듣기와 말하기를 자연스럽게 연습할 수 있는 환경을 제공한다. 또한 시간과 공간의 제약을 최소화하면서도 원어민과의 실제 대화를 통해 영어 실력을 향상시킬 수 있는 효율적인 학습 방식으로, 정기적인 수업 일정을 통해 학습의 연속성을 유지할 수 있으며 개인의 수준과 목표에 맞춘 맞춤형 학습이 가능하다.

그 외에도 요즘은 인공지능 기반의 영어 학습 앱이나 온라인 플랫폼도 많이 발전했다. 이러한 도구들을 적절히 활용하면 아이의 수준과 흥미에 맞는 맞춤형 학습이 가능하다. 다만, 스크린 시간은 적절히 조절해야 하며, 실제 대화와 상호작용을 통한 학습이 항상 우선되어야 한다.

효과적인 발음 학습법 : CVC 접근법

영어 발음 교육에서는 개별 음소가 아닌 전체 소리 단위로 접근하는 것이 효과적이다. 이른바 CVC(자음-모음-자음) 방식은 자연스러운 발음 습득을 도와주는 효과적인 방법이다.

마치 우리가 모국어를 배울 때처럼, 단어를 하나의 완성된 소리로 인식하고 학습하는 방식이다. 이러한 접근법은 훗날 파닉스 학습과 연계되어 읽기 능력 향상에도 큰 도움이 된다.

실제 학습에서는 간단한 단어부터 시작하여 점차 복잡한 소리로 확장해 나가는 것이 좋다. 예를 들어, 'cat', 'dog', 'pig' 같은 간단한 CVC 단어부터 시작하여, 점차 'train', 'cloud'와 같은 더 복잡한 소리 패턴으로 나아갈 수 있다.

언어 독해 : 책 읽는 즐거움이 키우는 탄탄한 문해력

문해력은 모든 학습의 기초가 되는 핵심 능력이다. 수학 문제 해결에서부터 과학적 사고력 향상까지, 문해력은 전반적인 학습 능력과 직결된다. 특히 현대 사회에서는 단순한 읽기를 넘어 비판적 사고력과 창의적 문제 해결력이 더욱 중요해지고 있다.

언어 독해 능력을 키우기 위해 '사월이네 공부방'은 아이들 연령에 따라 단계별로 학습 커리큘럼을 제안한다.

연령별 언어 독해 지도 방안

STEP 1. 24개월 ~ 5세 이하 : '논리 창의력 4세 교수 자료'를 활용해 엄마와 놀이 학습 진행

STEP 2. 5~6세 : '언어사고력' 책을 활용해 아이의 호기심을 자극하며 이해력 상승

STEP 3. 7세 : '웅진 3단계' 또는 '메가 독서 논술'로 본격적인 언어 독해 능력 키우기

STEP 4. 초등 입학 이후 : '휴먼 어린이 글쓰기'와 같은 워크북 종류를 이용해 독해력과 함께 쓰기 능력 키우기

각 단계별로 아이의 발달 수준에 맞는 적절한 도서 선택이 중

요하다. 너무 쉽거나 어려운 책은 아이의 독서 흥미를 저하시킬 수 있으니, 아이가 80% 정도 이해할 수 있는 수준의 책을 선택하는 것이 좋다.

폭넓은 독서를 통한 지식 확장

다양한 주제의 책을 통해 아이들의 사고 범위를 넓혀줘야 한다. 백과사전류부터 문학 작품까지, 폭넓은 독서는 풍부한 어휘력과 배경지식 형성에 도움이 된다. 특히 아이의 관심사를 반영한 도서 선택이 중요하다.

책 선택 시에는 문학, 과학, 역사, 예술 등 다양한 분야를 고루 포함시키되, 아이의 흥미와 호기심을 우선으로 고려해야 한다. 또한 같은 주제라도 다양한 관점에서 쓰인 책들을 함께 읽어보는 것도 좋은 방법이다.

깊이 있는 독서 습관 형성

양보다는 질적인 독서에 초점을 맞추는 것이 좋다. 한 권의 책이라도 제대로 이해하고 내면화하는 것이 중요하다. 서두르지 말고 아이의 독서 속도를 존중하며, 책의 내용을 충분히 음미할 수 있도록 지도하는 것이 바람직하다.

책을 읽은 후에는 간단한 독서 토론이나 독후 활동을 통해 이해도를 높일 수 있다. 등장인물의 감정을 이해하고, 이야기의 흐름을 파악하며, 자신의 경험과 연결 지어 생각해보는 습관을 기르도록 도와주는 것이 핵심이다. 이러한 과정을 통해 아이는 단순한 독서를 넘어 진정한 독해력과 사고력을 키울 수 있다.

엄마와 함께하는 글쓰기의 힘

지식의 진정한 습득은 단순한 정보의 수용을 넘어선다. 다양한 지식을 자신의 관점으로 재해석하고 표현할 때 비로소 온전한 자기화가 이루어지는데, 이는 언어 독해 학습에서 특히 중요한 의미를 지닌다.

때문에 제대로 된 언어 독해 학습을 하기 위해 독서에서 그치는 것이 아니라 직접 글을 써보며 사고를 확장하는 과정이 꼭 필요하다. 부모와 자녀가 함께하는 글쓰기는 더욱 효과적인데, 짧은 편지나 정기적인 교환일기를 통해 책에서 배운 내용과 일상의 소소한 이야기를 나누다 보면 자연스럽게 글쓰기 능력이 향상된다.

글쓰기는 단순한 학습 도구를 넘어 정서적 유대를 강화하는 소통의 매개체이다. 즉흥적으로 나오는 말과 달리, 깊은 사고를 거쳐 쓴 글은 상대방을 배려하고 존중하는 마음을 더 잘 전달할 수 있다. 자연스럽고 즐거운 글쓰기 경험은 아이의 미래를 위한 귀중한 자산이 되며, 쓰기 능력과 더불어 사고력 발달, 정서적 성숙, 의사소통 능력 향상으로 이어진다.

Part
4.

처음부터 차곡차곡,
사월이네 성장 코칭

1

사월이네 공부법으로 완성한
학습의 기적

아직도 '엄마표 공부법'이 두려운가? 어디서부터 어떻게 시작해야 할지 막막한가? 사월이네 공부법이 여전히 낯설게 느껴진다면, 먼저 시작한 이들의 이야기에 귀 기울여보자. 시행착오를 겪으면서도 결국 성공적인 엄마표 학습법을 완성한 선배들의 생생한 경험담을 통해 우리 아이에게 맞는 최적의 학습법을 발견할 수 있다.

사례 1. 완벽한 습관보다 자연스러운 배움이 먼저다

여섯 살 남자아이를 키우는 A씨는 '세 살 버릇 여든까지 간다'라는 믿음으로 일찍부터 아이의 학습 습관 형성에 심혈을 기울였다. 정해진 시간에 정해진 분량의 학습, 취침 전 독서 등 체계적인 루틴을 만들어가는 데 집중했다. 시간표를 만들어 벽에 붙여놓고, 하나씩 완수할 때마다 스티커를 붙이며 보상 체계도 만들었다.

처음에는 모든 것이 순조로워 보였다. 의도된 규칙을 아이도 잘 따라줬고, 다른 학부모들도 부러워할 만큼 체계적인 학습 시스템이 갖춰져 있었다. 이대로라면 훌륭한 학습 습관이 만들어질 거라 확신했다. 하지만 시간이 지날수록 예상치 못한 문제들이 하나둘 드러나기 시작했다.

학습 시간만 되면 갑자기 배가 아프다는 아이, 약속된 공부를 못하면 극도로 불안해하며 우는 아이를 보며 A씨는 깊은 고민에 빠졌다. 특히 주말 가족 행사 때문에 계획된 학습을 하지 못하게 되자, 아이는 극심한 스트레스 반응을 보였다. 심지어 밤에 악몽을 꾸고 깨는 일까지 발생했다.

이런 상황이 지속되자 A씨는 '사월이네 공부방'을 찾았고, 김재련 원장과의 상담을 통해 충격적인 사실을 깨닫게 되었다. 겉으로는 완벽해 보이는 학습 시스템이 실은 아이의 자발성과 창의성을 억압하고 있었던 것이다. '습관 형성'이라는 좋은 취지가 어느새 '완벽주의'와 '진도 강박'으로 변질되어 있었다.

해결책은 의외로 단순했다. 학습 습관에 대한 고정관념을 과감히 버리는 것이었다. '꾸준함'이 반드시 '매일 같은 양'을 의미하지 않는다는 사실을 받아들이는 것이 시작이었다. 교육학적 관점에서 보면, 아이의 학습 동기와 호기심은 정해진 틀 안에서 벗어나 자유로운 탐험 과정에서 더 잘 발달한다는 것을 알 수 있다.

A씨는 기존의 빡빡한 시간표를 과감히 버리고, 대신 아이와 함께 그날의 학습 계획을 세우기 시작했다. 어떤 날은 수학 문제

가 너무 재미있어 계획보다 더 많이 풀기도 하고, 다른 날은 수학에 흥미가 생기지 않아 과학 놀이로 대체하기도 했다. 자연스러운 흐름 속에서 아이는 점차 진정한 배움의 즐거움을 발견하게 되었다.

변화는 즉각적으로 나타났다. 더 이상 배가 아프다고 하지 않았고, 학습에 대한 불안감도 크게 줄었다. 오히려 스스로 공부할 내용을 제안하고, 새로운 것을 배우는 것에 대한 기대감을 보이기 시작했다. 무엇보다 아이의 눈빛이 달라졌다. 의무감에서 벗어나 진정한 호기심으로 가득 찬 눈빛으로 변한 것이다.

사례 2. 당근과 채찍은 내려놓아라

초등학교 입학을 앞둔 일곱 살 아이를 둔 B씨는 주변의 압박감에 시달리고 있었다. 또래 아이들은 이미 여러 학원을 다니며 선행학습을 하고 있다는 이야기를 들을 때마다 불안감이 커졌다. 조급한 마음에 B씨는 당근과 채찍으로 아이의 학습을 이끌어가기 시작했다.

문제를 틀릴 때마다 꾸중을 하고, 때로는 공부를 안 하면 좋아하는 장난감을 가지고 놀 수 없다며 위협했다. 반대로 문제를 잘 풀면 달콤한 마시멜로나 장난감으로 보상했다. 이런 양면적인 접근이 효과가 있을 거라 믿었다. 실제로 단기적으로는 아이가 공부를 더 열심히 하는 것처럼 보였다.

하지만 '사월이네 공부방' 김재련 원장과의 만남은 B씨의 교육관을 완전히 뒤흔들어 놓았다.

"본인이나 잘하지, 왜 애를 혼내고 그럽니까? 지금 하고 있는 건 '학습 학대'나 다름없어요!"

원장님과의 수차례 반복된 상담을 통해 B씨는 큰 충격을 받았고, 더불어 문제점을 깨달을 수 있었다. 강압적인 분위기는 아이의 학습 의욕을 꺾을 뿐만 아니라, 장기적으로는 학습 부진과 정서적 문제까지 초래할 수 있다는 사실을 알게 된 것이다. 게다가 보상을 통한 학습 동기 부여는 아이의 내적 동기를 저해하고, 외부적 보상에 대한 의존도만 높인다는 점도 깨달았다.

더 나아가 '왜 이것도 못 하지?'라는 답답함이 사실은 엄마의 조급함에서 비롯됐다는 것도 인정하게 되었다. 아이의 발달 단계에 대한 이해 없이, 어른의 기준으로만 판단했던 자신의 모습을 돌아보게 된 것이다.

변화는 쉽지 않았다. 당근과 채찍에 익숙해진 아이는 뒤바뀐 학습 환경을 혼란스러워했다. 원장님의 코칭 내용을 온전히 실천하는 것 또한 쉬운 일은 아니었다. 하지만 B씨는 인내심을 가지고 새로운 접근법을 꾸준하게 시도했다. 문제를 풀다가 막히면 다그치지 않고 왜 어렵게 느껴지는지에 대해 이야기를 나누었다. 틀린 답을 쓰더라도 그 과정에서 아이가 어떤 생각을 했는지 들어주었다.

아이를 다그치며 "왜 못하니?"라고 채근하던 예전과 달리, 이제는 "함께 해결해보자!"며 손을 내밀었다. 보상과 처벌이라는 오래된 방식을 내려놓고, 그저 아이의 작은 손을 따뜻하게 잡아주기 위해 노력했다.

날이 갈수록 아이는 밝아지고 자신감도 커져갔다. 실수를 두려워하지 않게 되었고, 새로운 도전을 망설이지도 않게 되었다. 공부는 이제 스트레스가 아닌 호기심과 즐거움이 가득한 탐험의 시간이 되었다.

사례 3. 기초가 튼튼해야 흔들리지 않는다

학원에 아이를 보내는 대신 직접 가르치기로 결심한 C씨는 처음부터 의욕적이었다. 시중에서 평판이 좋은 교구들을 모두 구입했고, 유명 학습지도 빠짐없이 준비했다. 매일 저녁 아이와 함께 앉아 학습하는 시간을 가졌고, 아이도 엄마와 함께하는 시간을 즐거워했다.

처음에는 모든 것이 순조로워 보였다. 특히 교구를 사용할 때는 아이가 놀이하듯 즐겁게 참여했고, 개념도 잘 이해하는 것 같았다. 하지만 시간이 지날수록 이상한 현상이 나타나기 시작했다. 교구를 활용할 때는 잘 풀던 문제를 교재로 넘어가면 전혀 풀지 못하는 일이 잦아진 것이다.

예를 들어 수막대로는 덧셈을 척척 해내던 아이가 똑같은 문제를 교재에서 마주하면 마치 처음 보는 것처럼 당황하곤 했다. C씨는 혹시 교구에 의존하는 습관이 생긴 건 아닌지 걱정되기 시작했다.

고민 끝에 C씨는 '사월이네 공부방'의 김재련 원장을 찾았다. 그리고 긴 상담을 통해 자신의 교육방식에 있던 중대한 맹점을 발견하게 되었다. 바로 수학의 기본이 되는 사칙연산의 개념을 너무 피상적으로 다뤘다는 것이었다. 김재련 원장은 이렇게 조언했다.

"수학은 마치 벽돌을 쌓아 올리는 것과 같습니다. 밑단의 벽돌 하나하나가 튼튼해야 위로 올라갈수록 흔들리지 않죠. 사칙연산은 그 밑단을 이루는 가장 중요한 벽돌입니다."

해결책은 처음으로 돌아가는 것이었다. C씨는 지금까지 했던 모든 학습을 잠시 멈추고 사칙연산의 기본 개념부터 차근차근 다시 시작했다. 교구 사용법도 바꾸었다. 이전에는 교구를 문제해결의 도구로만 썼다면, 이제는 개념을 이해하는 보조 수단으로 활용했다. "왜 이렇게 되는 걸까?", "이것을 식으로 쓰면 어떻게 될까?"와 같은 질문을 통해 아이 스스로 개념의 원리를 발견할 수 있도록 도왔다.

점차 변화가 나타나기 시작했다. 아이는 교구가 없어도 문제를 풀 수 있게 되었고, 수학에 대한 자신감도 생겼다. 다양한 유형의 문제를 접하거나 새로운 단원이 나와도 당황하지 않고 기존에 배운 개념을 활용해 차근차근 접근하는 모습을 보였다.

이처럼 사월이네 공부법은 기초 학습의 중요성을 다시 한 번 일깨워준다. 조급한 마음에 기본을 소홀히 하면 결국 더 큰 시간과 노력이 필요하다는 것이 C씨의 사례가 주는 교훈이다. 튼튼한 기초야말로 진정한 실력 향상의 지름길임을 기억해야 한다.

성공 사례들은 모두 한 가지 공통점을 가지고 있다. 바로 아이의 눈높이에서 배움의 즐거움을 찾아주었다는 것이다. 조급함을 내려놓고 아이와 함께 성장하는 과정을 즐기다 보면, 어느새 우리가 꿈꾸던 진정한 엄마표 교육이 완성되어 있을 것이다.

2

사월이네 공부 처방전!
궁금증을 해결해드립니다

배움의 여정에서 가장 중요한 것은 올바른 방향성이다. 사월이네 공부법을 시작하기 전, 그 핵심을 정확히 이해하는 것이 첫걸음이다. 교육 전문가이자 '사월이네 공부방' 설립자인 김재련 원장이 4년간의 운영 경험을 바탕으로 엄마들이 가장 많이 궁금해 하는 내용들을 모아 정리했다.

Q. 사월이네 공부방에 처음 가입했는데, 어디서부터 시작해야 할지 막막해요.

체계적으로 정리된 사월이네의 노하우는 '사공방 가이드' 게시판에서 만날 수 있다. 4년간 축적된 교육 자료들이 주제별로 분류되어 있어 초보 학부모도 쉽게 접근할 수 있다. 먼저 카페 회칙과 주요 공지사항을 숙지한 후, 각 게시판의 내용을 차근차근 살펴보는 것이 효과적이다. 자세한 내용은 아래 QR코드를 휴대폰으로 스캔한 뒤 네이버 '사월이네 공부방' 카페에 접속해 확인해 보면 된다.

Q. 스터디 참여와 인증 방법이 궁금해요!

스터디별로 세부 기준은 다르지만, 기본적인 참여 절차는 다음과 같다.

① 스터디 공구 참여자 대상 네이버 폼 신청

② 참가 신청 공지 확인 후 형식에 맞춰 신청 (카페지기 사월, 스텝 원장, 스텝 다현의 새글 알림 설정 권장)

③ 조별 스터디의 경우 : 조장의 인증글에 SNS 인증 링크를 댓글이나 답글로 등록

④ 일반 스터디의 경우 : 해당 게시글에 SNS 인증 링크를 댓글이나 답글로 등록

Q. 학교 진도와 사월이네 진도가 달라도 괜찮을까요?

각 아이의 학습 속도는 천차만별이다. 학교는 여러 아이를 동시에 가르쳐야 하는 제약이 있지만, 사월이네 공부법은 개별 아이의 특성을 고려한 맞춤형 학습을 지향한다.

중요한 것은 진도의 빠르고 느림이 아니라, 배운 내용을 얼마나 깊이 있게 이해하고 있는가이다. 아이가 학습 내용을 완전히 자기 것으로 만들었는지 확인하며 진행하는 것이 핵심이다.

Q. 아이가 공부를 싫어하고 놀기만 하려고 해요. 어떻게 해야 할까요?

학습 거부의 가장 큰 원인은 '이해 부족'에서 비롯된다. 개념이 제대로 잡히지 않은 상태에서는 누구나 학습을 꺼리게 된다. 마치 익숙한 길과 낯선 길을 걷는 것의 차이와 같다. 먼저 아이의 현재 수준을 정확히 진단하고, 그에 맞는 맞춤형 학습을 제공하는 것이 중요하다. 아이가 이해할 수 있는 수준에서 시작할 때,

학습에 대한 즐거움과 자신감이 생기기 시작한다.

**Q. 새로운 교구에만 잠깐 흥미를 갖다가 금방 질려버리는 아이,
도대체 왜 이러는 걸까요?**

아이마다 타고난 기질이 다르다. 어떤 아이는 차분하게 한 가
지 활동에 집중하는 반면, 어떤 아이는 호기심이 많아 여러 가지
를 동시에 탐색하려 한다. 이는 자연스러운 현상이며 좋고 나쁨
의 문제가 아니다.

중요한 것은 아이의 기질을 이해하고 그에 맞는 학습 전략을
세우는 것이다. 새로운 것에 쉽게 흥미를 잃는 아이라면 하나의
교구로 다양한 접근법을 시도해볼 수 있다. 같은 교구라도 활용
방식을 달리하면 마치 새로운 놀잇감을 만난 것 같은 효과를 준
다.

이를 위해서는 엄마의 준비가 필수적이다. 교구에 대한 충분
한 이해와 다각적 활용법을 미리 익혀두면 아이의 흥미를 지속

적으로 이끌어낼 수 있다. 교구 구입 시 설명서를 꼼꼼히 살피고 다양한 학습법을 연구해보는 것을 추천한다.

Q. 사월이네 공부방 커리큘럼에 해당되는 교구 외에 다른 교구나 교재를 활용해도 되나요?

'사월이네 공부방'은 수많은 교구와 교재 중 엄마표 교육에 최적화된 것들만을 엄선했다. 특히 김재련 원장이 개발한 독창적인 학습법은 기존 교육 방식과 차별화된다. 각 아이의 특성에 맞춘 맞춤형 학습법으로, 더 효과적인 교육을 가능하게 한다.

따라서 사월이네만의 특별한 교육 철학을 따르고 싶다면 지정된 교구와 교재를 활용하는 것이 좋다. 물론 자신만의 엄마표 교육을 실천하고자 한다면 다른 교구를 활용해도 무방하다.

Q. 열심히 일과 육아를 병행하고 있는 워킹맘입니다. 퇴근 후 한정적인 시간만으로도 사월이네 공부법을 할 수 있을까요?

워킹맘에게 시간은 더욱 소중한 자산이다. 하루 8시간 이상을 직장에서 보내야 하는 만큼, 남은 시간을 효율적으로 활용하는 지혜가 필요하다. 출퇴근 시간을 활용해 엄마표 교육을 공부하고, 귀가 후에는 아이와의 시간에 온전히 집중한다면 충분히 가능하다.

특히 배우자와의 협력이 중요하다. 부부가 함께 교육에 참여한다면 시간적 여유도 늘어나고 교육 효과도 배가된다. 아이 교육에 대한 충분한 대화와 공동의 노력이 워킹맘의 사월이네 공부법을 성공으로 이끄는 열쇠가 된다.

Q. 아이가 엄마랑 공부하는 게 재미없어서 하기 싫다고 해요. 이럴 때 어떻게 해야 하나요?

모든 엄마는 저마다 다른 특성을 가지고 있다. 천성적으로 이야기꾼인 엄마가 있는가 하면, 차분하고 조용한 성격의 엄마도 있다. 하지만 이는 변화와 발전이 불가능하다는 뜻이 아니다.

효과적인 교육을 위해서는 엄마의 준비가 필수적이다. 수업 전 내용을 정리하고 대본을 만들어보자. 혼자 연습하면서 아이의 흥미를 유발하는 더 재미있는 전달 방법을 찾아보는 것도 좋다. 이런 노력들이 쌓이면 자연스럽게 아이의 흥미를 끌 수 있는 능력도 향상된다.

아이들은 엄마의 진심 어린 노력을 알아본다. 꾸준한 연구와 실천으로 재미있는 엄마표 교육을 만들어나가면, 아이도 점차 학습에 즐겁게 참여하게 될 것이다.

Q. 사월이네 공부법을 열심히 한 후 고학년이 됐을 때 엄마는 어떻게 해야 하나요?

엄마표 공부법을 통해 초등학교 3~4학년까지 체계적인 학습 기반을 다진 아이들은 10세 이후부터 자기주도 학습으로 자연스럽게 전환할 수 있는 단계에 도달한다. 이 시기의 아이들은 이미 스스로 공부하는 방법을 터득하고 실천할 수 있는 충분한 역량을 보유하고 있으므로, 학부모는 과도한 걱정이나 개입 없이 신뢰를 바탕으로 지켜보는 것이 바람직하다.

게다가 애초에 초등학교 고학년으로 올라갈수록 교과 내용이 심화되고 복잡해지면서 학부모가 직접적으로 교과 지도를 하는 것이 현실적으로 어려워진다. 이때는 '현장 코치'에서 '총괄 감독'으로 역할을 전환하여 학습 환경과 분위기 조성에 집중하는 것이 효과적이다. 아이의 자율성을 존중하면서도 전체적인 학습 방향을 제시할 수 있어 장기적으로 아이의 학습 자신감과 독립성을 강화하는 데 큰 도움이 된다.

엄마들에게도
기댈 곳 하나쯤은 있어야 하니까

지금은 '엄마표 공부법'이 하나의 교육 방식으로 자리 잡았지
만, 그런 용어조차 생소했던 시절에 저는 스스로 엄마표 공부법
을 실천하고자 했습니다. 수학 교사 자격증을 취득하며 수학과
를 졸업했고, 졸업 후 많은 아이들을 가르치며 나만의 교육 체계
를 차근차근 쌓아갔습니다.

결혼 후 출산을 하고서는 '내 아이들 수학 공부는 직접 가르쳐
야겠다!'는 마음으로 두 딸을 교육했습니다. 엄마표 공부법에 대

한 체계적인 정보도, 함께 걸어갈 동지도 없었지만 한 순간도 주저하지 않았습니다. 이 방법에 대한 굳건한 확신이 있었기에, 주변의 목소리에 흔들리지 않고 묵묵히 나아갈 수 있었습니다.

그렇게 오랜 시간 교사로서의 경험과 몸소 엄마표 공부법을 실천하며 얻은 나만의 교육 방식을 바탕으로 사월이네 공부법을 완성했습니다. 사월이네 공부법의 가장 중요한 틀은 일관성을 기본으로 하는 흔들림 없는 교육입니다. 아이의 학습 태도는 엄마의 일관된 태도에서 비롯된다는 것을 누구보다 먼저 깨달았기 때문입니다.

이러한 교육 방식은 노력한 만큼의 결실을 맺었고, 한결같은 방향성 덕분에 아이들은 안정감 속에서 성장할 수 있었습니다. 이제는 두 딸을 넘어 손주까지 같은 방식으로 키우고 있으며, 아이와 교감하는 시간이 쌓일수록 서로를 이해하고 함께 성장할 수 있다는 것을 매일 체감하고 있습니다.

엄마표 공부법을 시작하는 길은 누구에게나 쉽지 않은 도전입니다. 교육에 대한 확고한 신념과 일관된 실천이 필요하며, 아이와 단순히 시간만 많이 보내는 것이 아닌 정서적으로 깊게 교감하는 것이 무엇보다 중요합니다. 특히 공부정서를 잘 형성해야 한다는 점이 엄마들에게는 큰 부담으로 다가올 수 있습니다.

하지만 완벽한 조건을 갖추지 못했다고 시도조차 하지 않을 필요는 없습니다. 자신의 상황에 맞게 작은 것부터 시작해보는 것은 어떨까요? 주말만이라도 아이와 함께하는 학습 시간을 가져보거나, 일상적인 대화 속에서 배움의 기회를 찾아보는 것처럼 말입니다.

'사월이네 공부방'은 지난 교육 경험과 실제 양육의 노하우를 바탕으로 엄마들에게 양질의 교육법을 전달하고 있습니다. 엄마표 공부에 도전하시는 분들은 사월이네를 신뢰하며 열심히 교육방법을 배우고 계십니다. 때로는 힘들고 지칠 수 있지만, 아이가 스스로 공부할 수 있는 힘이 생길 때까지 사월이네는 여러분과 함께 하겠습니다.

수없이 많은 티칭과 코칭, 상담을 통해 확인되는 긍정적인 결과들은 저에게도 큰 힘이 되었습니다. 배움의 즐거움으로 함께해 준 우리 아이들의 반짝이는 눈빛과 한결같은 신뢰로 끝까지 함께해 주신 어머님들의 헌신이 있었기에 이 모든 것이 가능했습니다. 결코 쉽지 않은 여정이었지만, 서로를 향한 믿음이 있었기에 늘 좋은 결실로 이어질 수 있었습니다.

엄마표 공부법은 완벽해야만 하는 것이 아닙니다. 각자의 상황에 맞게, 할 수 있는 만큼 시작하는 것, 그것이 바로 우리 아이들을 위한 의미 있는 첫걸음입니다.

"우리는 함께 성장할 수 있습니다!"

이 책이 여러분의 소중한 교육 여정에 든든한 길잡이가 되기를 진심으로 소망합니다. 하루하루 쌓이는 작은 노력들이 모여 아름다운 결실로 피어나리라 믿습니다.

특별히 '사월이네 공부방'이 오늘에 이르기까지 함께 해주신 모든 분들께 감사의 뜻을 표합니다. 여러분의 귀중한 경험과 지혜가 이 책의 든든한 밑거름이 되었습니다. 또한, 이 책을 선택해 주신 한 분 한 분께도 마음 깊이 감사드리며, 여러분의 가정에 언제나 따뜻한 사랑과 행복이 가득하시길 기원합니다.

엄마들이 아이에게 든든한 버팀목이 되어주시듯, 사월이네 공부방은 그런 엄마들의 따뜻한 버팀목이 되어드리겠습니다.

- 김재련, 석혜선, 석다현

아이와 엄마가 함께 성장하는
사월이네 공부법

초판 1쇄 발행 2025년 1월 1일

지은이　　김재련 석혜선 석다현
펴낸이　　박성인

책임편집　강하나
마케팅　　김멜리띠나
경영관리　김일환
디자인　　Desig

펴낸곳　　허들링북스
출판등록　2020년 3월 27일 제2020-000036호
주소　　　서울시 강서구 공항대로 219, 3층 309-1호(마곡동, 센테니아)
전화 02-2668-9692　**팩스** 02-2668-9693
이메일　　contents@huddlingbooks.com

ISBN　　　979-11-91505-46-7(03370)

＊이 책은 허들링북스가 저작권자와의 계약에 따라 발행한 것이므로 무단 전재와 무단 복제를 금지하며, 이 책의 전부 또는 일부 내용을 이용하려면 반드시 저작권자와 허들링북스의 서면 동의를 받아야 합니다.
＊파본은 구입하신 서점에서 교환해드립니다.